国家利益与媒体国际报道：

以《联合早报》中美关系报道为例（1999—2006）

刘 虎 著

暨南大學出版社
JINAN UNIVERSITY PRESS
中国·广州

图书在版编目（CIP）数据

国家利益与媒体国际报道：以《联合早报》中美关系报道为例（1999—2006）/刘虎著．—广州：暨南大学出版社，2009.7
ISBN 978-7-81135-344-0

Ⅰ．国…　Ⅱ．刘…　Ⅲ．新闻报道—研究—新加坡
Ⅳ．G219.339

中国版本图书馆 CIP 数据核字（2009）第 127790 号

出版发行：暨南大学出版社

地　址：中国广州暨南大学
电　话：总编室（8620）85221601
营销部（8620）85225284　85228291　85220693（邮购）
传　真：（8620）85221583（办公室）　85223774（营销部）
邮　编：510630
网　址：http：//www.jnupress.com　http：//press.jnu.edu.cn

排　版：暨南大学出版社排版设计中心
印　刷：佛山市浩文彩色印刷有限公司

开　本：890mm×1240mm　1/32
印　张：6.75
字　数：200 千
版　次：2009 年 7 月第 1 版
印　次：2009 年 7 月第 1 次

定　价：22.00 元

（暨大版图书如有印装质量问题，请与出版社总编室联系调换）

自 序

2004 年，我选择重新回到暨南大学，开始攻读博士学位。我本科学的是英语，硕士和博士攻读的专业是国际关系。2002 年，我在广州南方报业集团风行一时的国际新闻类报纸《21 世纪环球报道》担任过国际新闻编辑，多年来又在国内多家主流媒体发表过五十多篇时事评论文章。2003—2004 年，我在中央对外联络部从事外交政策分析工作，每天的工作主要就是通过阅读目标国家的主流报纸来获取有关信息。2007 年博士毕业后，我进入浙江传媒学院国际文化传播学院从事国际新闻的教研工作。这种复合的专业背景和工作经验使得我很想在国际新闻与国际关系的研究之间建立起一座桥梁。本书的设想就是在这样的情况下产生的。

要做好国际新闻，必须掌握一定的国际关系知识。我没有调查国内主要新闻院系的国际新闻研究生的课程设置和培养方案，但在暨南大学，国际新闻专业的研究生往往被要求到国际关系专业选修一定的课程，目的就是为了让这些未来的国际新闻从业者和研究者熟悉国际关系的基本规律和常识，学习分析国际问题的基本能力。

做国际新闻如此，做国际新闻研究就更当如此。国内不少关于外国媒体的研究，其主要问题在于难以深入分析新闻背后的国际关系问题，而国际关系专业的学者在研究涉及新闻的问题时，往往在选取报刊资料时有断章取义的现象，对报刊的分析没有做到相对全面和深入。

就本书而言，研究《联合早报》无疑是一个新闻学的研究，但选题中如果又加入中美关系这个要素，就变成了一个跨越新闻学和国际关系两个学科的问题了。

为做好这一课题，笔者首先阅读了一些传播学理论书籍，查阅了大量跨越新闻学与政治学两个学科的美国博士学位论文，学习其中的研究方法、论证思路。同时，笔者还联系到数位在美国大学从事新闻专业教研工作的教授，向他们请教与新闻有关的科学研究方法。

有人说，《联合早报》作为一个威权国家的媒体，没有太多的研究价值，它服务于国家利益属于常识，而常识是不需要研究的。的确，如果仅仅是要证明《联合早报》服务于国家利益，这个问题确实是没有价值的。本文实际上要分析的是，在新加坡的国家利益与《联合早报》报道倾向之间是否真的存在着相对应的“利益—倾向”关联？《联合早报》是否如传闻的那样倾向中国？它倾向中国的原因又是什么？对这些问题，若不加实证，是很难精确回答的。

经过抽样、内容分析和数据统计，结果显示，在中美关系报道上，《联合早报》的一般新闻报道基本平衡，评论部分则较为倾向中国，辅以平衡。它推翻了“《联合早报》倾向中国是因为它与中国有着历史渊源”，也推翻了它倾向中国是因为“它的华人特性”的惯常认识。

这一切说明，所谓常识是需要验证的，常识的背后常常隐藏着直觉无法探明的细节甚至反面。对待学术需要认真，对待造物主赐予的所有隐秘的智慧和真理，我们需要心存敬畏与谦卑。“因为耶和华赐人智慧，知识和聪明都由他口而出。”

本人才疏学浅，书中不足之处欢迎读者批评指正，我的邮箱是：leoliuhu@ sohu. com。

刘　虎

2009 年 2 月 25 日

目　录

导 论

关于中国国家形象提升的研究不仅需要传播学界的努力，更需要国际关系学界的参与。

关于新加坡新闻管制严格的论调很多，但真正对此进行效果检验的实证研究却很少。关于早报“倾中”的说法很多，但是真正探索早报倾向中国之原因的也很少。关于新加坡媒体国际报道倾向的生成机制[①]，更没有人认真研究和解释过。

① 生成机制一词是本书使用较为频繁的一个核心词，在本书语境下，它是对报道倾向产生的原因与结果的关系，以及二者之间作用原理与互动效果的总称。

一、核心研究问题及其研究意义

（一）问题的提出

本书研究的核心问题是：类似于新加坡这样的威权国家，其媒体国际报道倾向的生成机制是怎样的？国家利益（取向）是否是国际报道倾向生成的主导因素？本书选取《联合早报》1999—2006年的中美关系报道作为研究对象，以影响新加坡媒体报道的主要因素（国家利益）为自变量，以《联合早报》报道的倾向性为因变量，希望借此案例研究来探索威权体制下的媒体国际报道倾向的生成机制。

在中国崛起的过程中，西方媒体涉华报道负面情况较为普遍，中国国家形象面临着严峻的考验。[①] 中国形象问题是一个关系到中国如何在崛起过程中，更好地参与国家间合作、融入国际社会，并且顺利地实现和平社会化的问题。近年来，中国对如何改善自身国家形象、提升自身软实力的关注逐步增强。从国务院新闻办公室到国务院侨务办公室，从政府机构到高等院校，关于如何促进国外媒体（包括海外华文传媒）客观、正面地报道中国，提升中国形象的研究和公共外交已经成为一个重要课题。

2001年、2003年、2005年和2007年，由国务院侨办牵头，中国已经连续举办了四届“世界华文传媒论坛”，其重要目的之一就是要促进和运用海外华文传媒客观、正面地报道中

① 揭示或指称中国被西方“妖魔化”，中国国家形象受损的著作有很多，此处举出几例：宋强，乔边等．中国可以说不：冷战后时代的政治与情感．北京：中华工商联合出版社，1996；何英．美国媒体与中国形象（1995—2005）．广州：南方日报出版社，2005；施爱国．傲慢与偏见：东方主义与美国的“中国威胁论”研究．广州：中山大学出版社，2004；相德宝．英国媒介中的中国国家形象：对《泰晤士报》的实证研究．对外大传播，2006（9）

国，为改善和提升中国形象贡献力量。[①] 这一两年一度的盛会的举行，体现了中国政府对海外华文传媒特殊地位和作用的重视。

海外华文传媒研究近年来日益受到新闻传播、华侨华人和历史等专业领域学者的关注。海外华文传媒种类繁多，实力、地位、国家背景千差万别，要探索如何促进海外华文传媒正面地报道中国似乎没有统一的路径可循。况且，目前中国关于海外华文传媒的研究大多是对海外华文传媒历史的研究，其能提供的现实政策价值十分有限。

在这一迷局下，我们发现，《联合早报》不仅是一份在东南亚华人社会颇受欢迎的报纸，而且在20世纪90年代末，随着互联网技术的普及，早报也进入了中国读者的阅读空间，并成为他们获取区别于大陆媒体新闻信息的重要来源。

阅读过《联合早报》的读者不难感受到，在众多关于中国的问题上，它似乎显示出对中国明显的“支持”和“好感”。早报是否果真如读者的感性认识那样对中国有着普遍性的“支持”和“好感”？它在各个领域内的对华报道倾向是否都是一样的？更重要的是，作为一个曾经努力“去中国化”的独立国家的华文媒体，它“亲中国”的理论与现实依据何在？

带着这样的疑问，笔者特别测试性地访问了一些学习国际

---

① 2005年9月在武汉举行的第三届世界华文传媒论坛的主题是：全球“中国热”中的海外华文媒体；子题为：全球“中国热”中如何有所作为，如何真实客观准确地报道中国，与华文教育如何相辅相成；如何促进中国与当地所在国之间的经济文化交流，与中国中部崛起发展战略。国务院侨办主任陈玉杰发言称“在座各位海外华文媒体的代表，你们是在国际上承启中华文明、传播中国发展讯息、树立中国负责任大国形象的重要参与者”。国务院新闻办主任蔡武称“向世界说明中国是一个大工程，海外的华文媒体在其中有着十分重要的作用和影响”。资料来源：中新社世界华文传媒论坛官方网站：http：//www.chinanews.com.cn/focus_ site/hwlt－3/

关系的研究生。在向他们进行了有关《联合早报》历史与现实知识的普及之后，让他们凭着现有的知识和逻辑尝试回答“（在中美关系报道上）早报为什么倾中，其根本原因是什么”这个看似简单的问题，答案却五花八门，但归纳起来似乎也可以解释早报倾中的缘由。可是，通过严谨的学术分析，太多的原因其实似是而非。

在这些回答中，较有代表性的观点有“早报与中国的历史渊源是其倾中的重要原因”，“早报的华文特性和面向华文读者的事实导致它（必须）倾中”，“新加坡与中国关系良好是它倾向中国的原因”，还有人认为原因是“早报作者和编辑中有部分人来自中国大陆”。然而，这些回答都有着非常明显的解释力匮乏的问题。

历史渊源论的缺陷在于它无法解释在相同的历史渊源下，早报在1945年至今经历过的对华立场的变化；华文特性论无法解释这个世界还有诸多反对中国的华文报纸的事实；新中关系良好论无法说明早报为何不在中美关系中倾向美国（新美关系亦不差）；中国大陆作者论则显然忽视了所有的文章必须经过编辑把关，而早报工作人员中的中国人必须接受早报严格培训并服膺相关理念的事实。①

这些回答提示我们：①凭着想象和感性认识去回答一个“常识”背后的原因有多么困难；②在常识背后有着未知的学术价值；③某些常见的认识必须加以研究和检验；④对于一个跨越传播学和国际关系学之间的问题，要回答好必须进行相关专业训练并采取科学的研究方法。

---

① 早报网前主编袁舟在其著作中透露，近年来，新加坡报业控股从中国、印度等国吸引了一些新闻工作者加盟，其中一些人参与时事评论写作。编辑部要对其灌输新加坡的外交观念，以免在发生重大国际事件时下笔带有母国情结，拿捏不准。参阅袁舟．媒体集团的经营与管理：新加坡报业控股的成功之道．汕头：汕头大学出版社，2003. 79

（二）研究意义

本书研究的必要性：①要探索如何促进海外华文传媒正面地报道中国，只有选取有重要性的个案进行分析，才能发现一些可汲取的经验。②早报倾中属于易感现象，原因并非可以简单回答。③新加坡政府要求，媒体在报道国际关系等问题时，应服务于国家利益。[①] 这是否是报道倾向中国的决定因素呢？为国家利益服务与报道倾中是两个不同的概念，二者之间表面上并不具备明显的逻辑联系，服务国家利益可以有“倾中”、“倾美”和“中立平衡”三种可能。④在威权国家，国家利益与媒体报道倾向之间是否真的存在密切的关联，关于这个问题的实证研究还很少。

所以，本书的研究目的并非是为了回答早报是否倾向中国，而是试图回答它为什么倾向中国（在部分主题上）；本书并非是为了证明早报是否受到政府影响，而是试图回答它如何受到国家利益影响，并表现为何种倾向分布形态，以及从这种倾向分布形态中，我们能够获取何种借鉴与启示。

因此，本书实际上是要探索类似于新加坡这样的威权国家的媒体国际报道倾向与国家利益取向的关系。是故，本书选取《联合早报》1999—2006 年的中美关系报道作为案例进行分析和检验。在本检验中，以影响新加坡媒体报道的主要因素（国际利益取向）为自变量，以《联合早报》中美关系报道的倾向为因变量。本书希望借此来检验威权体制下的媒体国际报道倾向性生成的机制。

在中国和平社会化的理论困境中，[②] 研究《联合早报》倾

---

① 袁舟．媒体集团的经营与管理：新加坡报业控股的成功之道．2003. 80

② 中国崛起后是否能被国际社会接受，如何和平地融入国际社会就是“中国和平社会化”的问题，在本书第二章，对此问题有较为详细的论述。

向性生成的机制，对于了解和探索如何运用和促进海外华文传媒提升中国国家形象有着重要的政策借鉴意义。从理论意义上看，对威权国家媒体国际报道倾向的生成机制进行实证分析，有助于我们对威权国家媒体报道倾向与国家利益之间的作用关系有更加真切和细致的了解，从而可以摆脱经验的束缚，获得实证后的确凿结论。

（三）对研究对象的说明

1. 为什么选择研究海外华文传媒

海外华文报刊肇始于1815年由英国传教士罗伯特·马里逊（Robert Morrison）和威廉·米怜（William Milne）于马六甲创办的《察世俗每月统计考》，距今已有近两百年的历史。[①] “开中国餐馆、兴中文学校、办华文报纸”，成为很多中国人移居海外后的首要之事，“华侨社团、华文教育、华文报刊”是华侨华人社会的三大支柱，[②] 海外华文报刊分布广，几乎在有华人的地方就有华文报刊。在这些地区，华文报刊比电台和电视台具有更成熟的运作方式和更强大的影响力。选择海外华文报刊作为研究对象的重要研究价值毋庸置疑。

从政治传播学意义上看，媒体往往承载着其所在国家政治、经济与文化现状打下的烙印，海外华文媒体一般都能反映其所属华侨华人社群的思想、文化认同和政治烙印。另外，当前海外华文传媒分布很广，它们是一笔重要的、中国政府可以通过合作来加以合理运用的资源，但对它们的状况，我们了解得还很不够。海外华文传媒的主要传播对象是海外华侨华人，它们如何报道中国，它们为什么正面或者负面地报道中国都是十分值得研究的问题，这些问题的答案对处于崛起过程中努力寻求改善中国国家形象、促进海外华侨华人与中国联系的中国政府而言，有着十分重要的现实政策意义。

---

① 杨力．海外华文报业研究．北京：北京燕山出版社，1991. 15

② 程曼丽．海外华文传媒研究．北京：新华出版社，2001. 1

2. 为什么选择《联合早报》作为研究对象

首先，新加坡主体族群——华人，曾经高度认同中国，与中国有着密切的联系，今天，他们在政治上已经认同新加坡，而《联合早报》被人们认为是一份倾向中国的报纸，一份属于另外一国的，有着独立的新加坡国家意识的报纸。假如真的如人们观察的那样倾中，这就是一个十分吊诡的学术现象。在中国崛起的过程中，西方媒体对中国报道以负面居多，研究这份显得十分独特的媒体的倾向性生成机制很有价值。

其次，新加坡的华文报业堪称海外华文报业的翘楚。在众多海外华文传媒中，新加坡的《联合早报》是影响力最为显著的媒体之一，也是当前新加坡最大的华文报纸。它历史悠久，在新加坡、美国、中国（少数大城市）等有华人居住的国家和地区有着十分庞大的读者群体（包括网络读者），2006年日发行量为18.5万份左右。[①] 以《联合早报》为研究对象的代表性以及学术意义也是不言而喻的。

1945年"二战"结束以前，《联合早报》是一份华侨报纸，其前身《南洋商报》和《星洲日报》的创办者陈嘉庚和胡文虎本身就是华侨，他们早期不仅认同中国主权，而且都拥护国民党政府。1945年以后，新加坡华文报纸开始由侨报向国民报纸的方向转变，侨民意识下降、国民意识上升。[②] 其对中国的报道立场也逐步发生变化。而关于《联合早报》更长时段的研究目前还比较缺乏，这也使得了解这份历史上与中国有着重要渊源的报纸的报道倾向的成因显得十分必要。

选择以一份报纸，甚至是非主流报纸作为博士论文研究对象也较为常见，此处可试举数例。例如：北京大学世界华文传

---

① 新加坡报业控股网站：http：//www. sph. com. sg/newspapers/zaobao. html

② 王慷鼎．新加坡华文日报社论研究（1945—1959）．新加坡：新加坡国立大学中文系汉学研究中心，1995. 261

媒研究中心博士生导师程曼丽的博士论文是关于澳门《蜜蜂华报》的研究；南京大学的一篇现已出版的优秀博士论文的题目是《〈上海犹太纪事报〉研究》；素以严格著称的南开大学历史系的一篇博士论文是关于20世纪30年代《大公报》的研究。[①] 这些以报纸为个案研究对象的论文的特点是，以小见大，见微知著，挖掘特殊报纸在特殊时代或者特殊事件上的报道特点和意义，做得颇为精细。

研究《联合早报》中美关系报道能够反映新加坡的相关国家利益取向，是观察大国政治与小国选择的窗口，因此，本书并不仅仅是研究一份报纸。它不仅分析了新加坡的政治制度、新闻环境，而且还分析了中国崛起的理论困境，大国政治中的小国利益选择等实实在在的国际关系问题。在报纸的方寸之外，我们还可以看到一个国际政治的大舞台。

本书选择《联合早报》为研究对象，不仅是因为它在新加坡媒体中的主流地位，更是因为它具有多数海外华文传媒所没有的显著影响力。《联合早报》虽然是一个媒体，但它的主流地位、它的代表性，使得对它的探索能够提供关于新加坡新闻体制的现实作用机制、效度，特别是媒体倾向性生成机制问题的重要学术发现。

3. 为什么选择1999—2006年的中美关系报道

选择1999—2006年这个时段的原因是因为1999年发生的中国驻南联盟使馆被炸事件对中美关系的冲击，它对中国国家安全观念产生了十分深刻的影响，在冷战后的中美关系中，它有着十分特殊的标志性地位。选择中美关系报道作为研究对象的原因则在于：中美关系实际上是当前大国政治的缩影，它对于中国崛起、中国民众的国际视野、新中关系等有着重要的影

---

① 饶立华．《上海犹太纪事报》研究．北京：新华出版社，2003；贾晓慧．《大公报》新论：20世纪30年代《大公报》与中国现代化．天津：天津人民出版社，2002

响。相对于本书的研究目的而言，中国的负面形象最突出的部分就源于中国崛起及其与大国之间关系的困境问题。如米尔斯海默在其《大国政治的悲剧》中就暗指中国为企图改变现状的国家，并明确指出了中国的所谓“威胁”。[①] 在“中国威胁”主导西方媒体主流话语的时候，研究中美关系在一份主流海外华文报纸的报道状况，研究中国正面形象在其中的生成机理，能够提供重大的现实借鉴。

对于中美关系而言，新加坡是一个“第三者”。中美关系充满了矛盾、斗争与合作，具有很强的检验第三者利益和立场以及探索其媒体倾向生成机制的作用。新加坡与中国和美国都有着重要的安全和经贸利益关系，而在意识形态方面，三国之间似乎都缺乏真正认同，在这样一种复杂的利益交织关系的作用下，假如新加坡国家利益是倾向主导因素，那么《联合早报》到底会表现出何种倾向分布特征？斯蒂芬·范埃弗拉（Stephen Van Evera）提出了11条选择案例的参考标准，其中三条是：资料丰富；自变量、因变量或条件变量具有极端值；内在重要性。[②] 从中美关系的现实看，关于中美关系的资料无论是学术研究还是新闻报道都是十分丰富的，当中美关系中的事件作为报道主题（自变量）时，有极端的冲突事件，也有合作的问题，即具有“极端值”；而中美关系的重要性对于任何对国际关系稍有了解的人来说都不言而喻。

行文至此，本书实际要分析和求证的问题可归纳为：

（1）《联合早报》在中美关系报道上是否如人们想象的那样倾向中国，它倾中的根本原因是什么？（微观层次）

（2）类似于新加坡这样的威权国家的媒体国际报道的倾

---

① ［美］约翰·米尔斯海默．大国政治的悲剧．王义桅，唐小松译．上海：上海世纪出版集团，2003. 519～521

② ［美］斯蒂芬·范埃弗拉．政治学研究方法指南．陈琪译．北京：北京大学出版社，2006. 72

向生成机制是怎样的？国家利益（取向）是否是国际报道倾向形成的主导因素？（中观层次）

(3) 探索威权国家的媒体报道倾向生成机制能够为中国提升国家形象提供何种参考和借鉴？（宏观层次）

在上述三个问题中，第二个问题是本书的核心研究问题。

二、国内外研究现状

(一) 海外华文传媒问题

国外对《联合早报》进行研究的主要学者基本都在新加坡，如王慷鼎和崔贵强。王慷鼎的代表作是1995年出版的《新加坡华文日报社论研究（1945—1959）》,[①] 该书是作者的博士论文。他系统分析了1945—1959年，新加坡四大华文报纸（包括《联合早报》的前身《南洋商报》和《星洲日报》）的社论；全面分析了“二战”后华文日报社论对国际性、地区性以及地方性的重大政治、经济、教育、社会、文化事件的反应与立场，这是新马报刊史研究的首创。崔贵强的《新加坡华文报刊与报人》(1993)[②] 一书是由八篇论文编纂而成的论文集，主要研究和分析了“二战”前和“二战”后新加坡的华文报刊的历史概况。崔贵强的另外一本专著《东南亚华文日报现状之研究》则分国别介绍了东南亚地区五个国家华文日报的发展现状。[③] 王慷鼎的研究虽然进行了大量统计，资料翔实，分析细致，但其研究主要以社论为主，其断代研究(15年）的局限性使得继续对该报进行补充研究十分必要。而崔贵强的研究要么是以报人与报纸在特定时代的关系为分析对

---

① 王慷鼎．新加坡华文日报社论研究（1945—1959）．新加坡：新加坡国立大学中文系汉学研究中心出版，1995

② 崔贵强．新加坡华文报刊与报人．新加坡：新加坡文化企业私人有限公司，1993

③ 崔贵强．东南亚华文日报现状之研究．新加坡：华裔馆，2002

象，要么是对报纸的概况进行一般概括与叙述，缺乏具体而详细的考证，未能提供可靠的关于媒体报道特点的研究结论。

国内的主要研究者对海外华文传媒的研究大致起步于20世纪80年代末。按时间先后主要有方积根、胡文英的《海外华文报业的历史与现状》（1989），杨力的《海外华文报业研究》（1991），吴庆棠的《新加坡华文报业与中国》（1997），王士谷的《海外华文新闻史研究》（1998），程曼丽的《海外华文传媒研究》（2001）以及彭伟步的《东南亚华文报纸研究》（2005）。[①] 这些研究的共同之处在于，它们基本都是对海外华文传媒（主要是报纸），或新加坡一国的华文报业加以概述、总结，属于教科书型或者是“社科课题”型研究，与学位论文的研究方法，追求的结论旨趣差异较大。

关于新加坡传媒和《联合早报》的著作中，最具有经验指导意义的应该是袁舟的《媒体集团的经营与管理：新加坡报业控股的成功之道》一书。[②] 作者曾在中国担任多年记者，后留学美国著名的密苏里新闻学院，1996—2002年先后担任《联合早报》高级记者、早报网主编，2002年8月起还曾担任汕头大学新闻传播系主任数年。该书不仅详细介绍、分析了新加坡报业控股的管理思想、组织结构、编辑方针、广告销售、人事财务和近年来新加坡报业控股集团发展改革的经验教训，而且还透露了新加坡威权体制下新闻管制的现实图景，为本书研究和

① 这些著作的具体情况如下：方积根，胡文英．海外华文报刊的历史与现状．北京：新华出版社，1989；杨力．海外华文报业研究．北京：北京燕山出版社，1991；吴庆棠．新加坡华文报业与中国．上海：上海社会科学院出版社，1997；王士谷．海外华文新闻史研究．北京：新华出版社，1998；程曼丽．海外华文传媒研究．北京：新华出版社，2001；彭伟步．东南亚华文报纸研究．北京：社会科学文献出版社，2005

② 袁舟．媒体集团的经营与管理：新加坡报业控股的成功之道．汕头：汕头大学出版社，2003

分析提供了经验和事实证据，避免了研究国际问题包括外国媒体时，由于无法身临其境而易犯的常识性错误。

国内关于新加坡新闻体制和《联合早报》的研究的论文有数篇，它们的内容涉及新加坡报业经营、华文网站特点、新加坡新闻管理等问题。[①]

总之，无论是新加坡的研究者还是国内的研究者，都没有将海外华文传媒与国际关系结合起来进行研究，他们的研究基本都是华侨华人问题研究或者是新闻史的研究，都不能为如何促进海外华文传媒正面地报道中国这个大战略服务，他们都没有真正研究威权国家（如新加坡）媒体国际报道倾向的生成机制问题。当然，这些研究在引导本书写作、提供参考资料、启示和借鉴方面还是发挥了重要作用的。

（二）中美关系问题（1999—2006年）

将中美关系与中国崛起联系起来进行研究是近十年来国内外研究的突出特点，国内对中国崛起与中美关系的研究始于1998年左右，阎学通、王在邦、李忠诚、侯若石等人的代表作《中国崛起——国际环境评估》一书是研究该问题最早的专著。[②] 进入新世纪，关于中国崛起与中美关系的研究趋于火热，众多学者纷纷发表著述，时殷弘、郑必坚、王缉思、金灿荣、门洪华等成为国内研究该问题的主流学者。在国外，尤其是在美国，关注中国崛起的研究在20世纪90年代中期就开始了。主要研究者有理查德·伯恩斯坦（Richard Bernstein）和罗斯·芒罗（Ross H. Munro）、塞缪尔·亨廷顿（Samuel

① 代表作有：孙发友，李艳华．新加坡新闻传媒控制模式透视．编辑之友，2005（2）；刘雪梅．新加坡华文网站传播现象解释．新闻界，2004（5）；郭霁．新的世纪　新的起点——访问林任君．国际新闻界，2000（6）

② 阎学通等．中国崛起——国际环境评估．天津：天津人民出版社，1998

P. Huntington)、约翰·米尔斯海默(John J. Mearsheimer)等。对国内外研究现状的回顾在丁松泉的专著中有更详细的记录,[①] 此处不赘述。

本书的研究时段是 1999—2006 年,在这一时段的中美关系中,中国更加清醒地认识到美国霸权主义的现实威胁与中美可能发生的军事冲突,美国也不遗余力地在国际社会渲染中国崛起可能产生的威胁。

(三)关于媒体、国际关系、国家利益和国家形象关系的研究

关于媒体在国际关系中的作用,以及国际关系对媒体的影响的研究在传播学界较为丰富,但是高质量的成果主要集中在国外。以 political(science)和 communication 为学科关键词,在美国 UMI 博士学位论文数据库中搜索,可得关于政治学和传播学交叉研究的学位论文(含部分硕士论文)142 篇,其中部分是国际关系与传播学的跨学科研究论文。如约瑟夫·海登(Joseph Raymond Hayden)的博士论文就分析了第一次世界大战结束后,媒体对于美国参与巴黎和会的影响。[②] 贾斯丁·哈特(Justin W. Hart)分析了 20 世纪 30 年代至 50 年代,大众传媒的兴起在当时的国际政治环境变迁中对美国外交的影响。[③] 尼尔·贝克尔(Neil Wu Becker)对 1949—1989 年中美

---

① 丁松泉. 中美崛起与中美关系. 北京:中国社会科学出版社,2005. 2~10

② Joseph Raymond Hayden, *Public Ambassadors: American Journalism and Diplomacy, 1918—1919*, PhD. Dissertation of Indiana University, 2002

③ Justin W. Hart, *Empire of Ideas: Mass Communications and the Transformation of United States Foreign Relations, 1936—1953*, PhD. Dissertation of Rutgers The State University of New Jersey-New Brunswick, 2004

关系大事报道进行内容分析，检验了媒体报道与政府依赖的关系。[①] 李喜根（Xigen Li）分析了国家利益因素对《纽约时报》和《人民日报》中美关系报道的影响。[②] 还有一些学者研究发现，美国媒体常常有表达和维护国家利益的现象。[③] 这些美国论文的特点是讲究研究方法，注重论证的逻辑，很多论文采取了内容分析法。

关于如何运用传播手段提升中国形象的研究，近年来在国内非常火热。中国官方和学界已经将它列为一个重大的课题。在国内，从事这一研究的多为传播学学者，如北京传播学院就出版过一个系列著作，但其研究仍偏重传播，在国际关系方面的分析浅尝辄止。[④] 张昆的《国家形象传播》一书也是站在传播学立场，从外宣的角度来谈国家形象建构的。[⑤] 何英的《美国媒体与中国形象（1998—2005）》一书是从国际关系专业出发分析美国媒体负面报道中国的原因，有关理论分析深入、到

---

① Neil Wu Becker, *China and the United States Press from 1949—1989: Critical Events Foreign Policy Analysis*, PhD. Dissertation of San Jose State University, 1999

② Xigen Li, *The Effect of National Interest on Coverage of United States-China Relations: A Content Analysis of The New York Times and People's Daily*, 1987—1996, PhD. Dissertation of Michigan State University, 1999

③ Tsan-Kuo Chang, *The Press and China Policy: the Illusion of Sino-American Relations, 1950—1984*, Norwood, N. J.: Ablex Pub. Corp., 1993, p. 36; Herbert Gans, *Decoding What's News*, New York: Random House, 1979; D. L. Paletz, R. M. Entman, *Media, Power, Politics*, New York: The Free Press, 1981, p. 215, 转引自 Xigen Li, op. cit., pp. 22 – 23

④ 例如：蔡帼芬．国际传播与媒体研究．北京：北京广播学院出版社，2002；刘继南等．国际传播与国家形象：国际关系的新视角．北京：北京广播学院出版社，2002

⑤ 张昆．国家形象传播．上海：复旦大学出版社，2005；另外还有较多论文。

位，但某些需要传播学理论建立因果联系的部分则显得较为勉强。[①] 其他还有数十篇论文，但多数都是从新闻传播的角度来分析中国形象建构的，国际关系专业视角的研究和智力参与严重不足。笔者认为，分析中国负面形象的成因，提升中国形象不仅是一个传播问题，更是一个国际关系问题，关于它的对策更需要从国际关系中寻找。

探索境外媒体报道倾向的生成，提升中国形象是一个集新闻传播与国际关系两大学科于一体的跨学科问题，这个问题的新兴特点、它的跨越性使得关于它的研究还很不深入。要做好国际传播，需要两个学科的专业知识和智力的参与，本书拟就此做一些初步探索。

另外，国内关于媒体与国际关系的研究近年来也逐步流行起来，不过，无论是国内还是国外，用科学研究方法对《联合早报》乃至华文传媒进行较大规模的研究，探索新加坡媒体国际报道倾向生成机制的几乎没有。

本书的研究还涉及东南亚、新加坡华人文化、教育和历史，这方面的研究成果十分丰富。周聿峨的《东南亚华文教育》(1995)，[②] 曹云华的《变异与保持：东南亚华人的文化适应》(2001)[③] 和《新加坡的精神文明》(1992)，[④] 薛君度和曹云华合著的《战后东南亚华人社会变迁》，[⑤] 黄松赞的《新加坡社会与华侨华人研究》等著作对本书的研究也有十分重

---

① 何英：美国媒体与中国形象（1995—2005）. 广州：南方日报出版社，2005

② 周聿峨. 东南亚华文教育. 广州：暨南大学出版社，1995

③ 曹云华. 变异与保持：东南亚华人的文化适应. 北京：中国华侨出版社，2001

④ 曹云华. 新加坡的精神文明. 广州：广东人民出版社，1992

⑤ 薛君度，曹云华. 战后东南亚华人社会变迁. 北京：中国华侨出版社，1999

要的作用，[①] 它们提供了本书研究所需要加以分析的华人社会教育、文化问题的指南。

三、研究方法、思路与创新

（一）国内现有研究在研究方法上的不足

国际关系学学者或者研究生选取媒体作为国际关系研究的对象并不鲜见，纵观国内非传播学专业人士研究传媒的主要缺陷在于，很多人对媒体特点的描述大多基于感性，选取的文章和数据是凭着主观愿望，为着印证自己的目的而选取的，有些人采取的是重复他人未经科学方法验证的结论来支持自己的核心观点做法。这样的研究最大的问题就是，他们所阅读到的文章是否有以偏概全的问题？他们是否忽视了反证？还有，中国人的民族感情因素是否会使得研究者对批评中国的文章特别敏感，因此在研究中会突出这类文章的负面观点呢？

传播学学者往往有较为专业的传播学分析，但没有做好国际关系方面的分析；国际关系学学者往往没有在传播学的基础部分做好统计和科学研究，没有运用必须加以运用的内容分析法（content analysis）来判断报道倾向性，但在国际关系方面分析较为专业，不过这种分析由于前者的欠缺而失去了应有的信度。

多数国际关系研究者可能都听说过所谓美国媒体“妖魔化中国”的说法。[②] 这一论调于20世纪90年代出台后，一度争议不断，中美两国大学和研究机构都先后为此召开了研讨

① 黄松赞．新加坡社会与华侨华人研究．北京：中国华侨出版社，2005

② 李希光，刘康．妖魔化中国的背后．北京：中国社会科学出版社，1996

会。[①] 有学者以诸多反证为例，有力地质疑了前者的结论。[②]

这个已经成为主流话语的结论其实存在着诸多严重的学术缺陷：①假如负面报道中国的比例过大，这些负面报道新闻真实性如何？②如果这些新闻真实性程度高，又何来“妖魔化”中国之嫌？如何解释美国媒体对很多国家的负面报道问题？[③] ③即便有“妖魔化”动机，这些著作往往也没有研究和论证媒体的动机成因和作用机制。

还有一些研究生也在这个领域进行了难能可贵的学术尝试，但是，在这个跨学科问题上，他们没有真正实现“跨”过去的目标。他们要么基于非专业性的对新闻报道的统计，未建立自变量和因变量作用的逻辑链条就开始了原因分析；要么只是对某个外国媒体的报道主题内容进行归纳，并由此提出了一些启示和政策建议。

本书作为研究媒体与国际关系的跨学科问题的论著，笔者力争做到“跨越”并“进入对方的领地”。

（二）本书的研究方法、思路和创新

1. 本书的研究方法

对媒体与国际关系进行结合研究，主要可以从这样几个方面入手：①媒体是如何报道和评论新闻事件的；②媒体的报道和评论的特点是什么原因导致的（本书研究与此有关）；③媒体的新闻报道和评论对国际关系有什么影响等（如本书谈及的媒体报道对国家形象的影响）。这样的研究层面当然还有更

---

① ［美］张巨岩．权力的声音：美国媒体和战争．北京：三联书店，2004. 378～379

② 对于这个结论的质疑的研究可参考：匿名．值得商榷的妖魔化．国际新闻界，1997（6）

③ 美国媒体对中国的报道及其影响是一个比较复杂的问题，很难把它简单地归结为某一种原因，如带有阴谋论性质的“妖魔化”，参阅［美］张巨岩．权力的声音：美国媒体和战争．北京：三联书店，2004. 382

多。第一个层面的研究仅仅是传播学研究，因为它只涉及媒体内变量（intra media variables）关系的研究；第二个层面涉及对媒体报道特点的原因探索，这样就跨越了传播学领域，而与其他专业联系起来，从而涉及媒体内变量与媒体外变量（extra media variables）关系的建立与分析。

即使做了传播学专业统计，从媒体报道内容的特点推知更高层次的政治、文化意义上的（原因或）结论，还必须建立媒体内外变量之间的关系。比如，我们要研究媒体报道特点产生的原因，就必须罗列、分析、排除，然后提取出媒体之外对媒体报道产生影响作用的主要因素，然后对这二者之间的相关性进行变量关系验证。这里实际上就点出了本书看似简单的外表之下对严谨性提出的要求。难度主要可以从三个层次来看：①跨学科理论知识的难度；②科学研究方法的掌握和合理运用的难度；③内容分析过程工程庞大，耗时漫长，且有必须小心制定标准并持之以恒地遵守的难度。

若持严谨的态度看待本研究，研究者必须掌握传播学和国际关系两个专业的部分知识和理论，否则，研究者会很容易忽视跨专业变量关系的建立，分析将因此陷入主观推断。这就是为什么关于美国媒体是否“妖魔化中国”的争论一度十分热烈的原因之一。

考虑到这种难度和国内两个学科研究存在的问题，笔者先广泛阅读了美国国际传播专业博士学位论文，学习他们对媒体与国际问题报道研究的把握技巧，了解该运用哪些研究方法和如何运用这些方法；另外，笔者还与在美国大学任教的传播学学者保持了近半年的联系，让对方就自己的研究设计提出改进方案，并推荐应该加以掌握的方法和关键的传播学理论。①

由于本书的研究目的是探索《联合早报》中美关系报道

---

① 在此要特别感谢现任教于美国南伊利诺伊大学传播学院的李喜根教授，本书的传播学部分的研究得到了他耐心的指导，至于错漏则应由本人承担。

倾向性生成的机制，查找并确证其形成的根本原因，这一旨趣决定了本书将采取国际关系研究方法中相对于全面分析（comprehensive analysis）的严格分析法（rigorous analysis）。所谓严格分析法，就是追求问题的根本原因的分析方法，它并不否认全面分析的优点和用途所在，[①] 也不否认在根本性原因之外还有另外一些原因在起作用。

在西方学界，媒体报道与评论倾向产生原因和生成机制是一个极其严肃的学术问题。[②] 凭着直觉，我们有时也能直接“碰撞上”真理。生活中有很多这样的例子，如牛顿之于万有引力的启示，爱因斯坦之于相对论，邓小平的“发展才是硬道理”和“白猫黑猫论”，甚至毛泽东的一次次机智的、后被证明为有效的军事选择，都是凭着单纯的经验和思考得到的。即便如此，这样得到的结论也要经过证明才能上升为理论或者可靠的知识点。本书决定对《联合早报》倾中这一表面现象加以探索，试图寻找它倾向性生成机制就是基于这样的考虑，因为在表象和经验之下，极可能隐藏着我们未知的知识和规律。罗宾·古德曼（Robyn S. Goodman）通过对美国主流媒体中美关系报道进行统计，发现媒体只在部分时候受政府影响，媒体报道常常出现独立于官方立场的情况，这与我们惯常认为美国媒体充当政府意识形态工具的印象有较大出入。[③]

2. 基本思路

本书从传播学理论出发，探索影响新加坡媒体在国际事务

---

① 阎学通，孙学峰．国际关系研究实用方法．北京：人民出版社，2001. 122～124

② 参阅两篇美国博士学位论文，它们探索了媒体报道内容与影响因素的关系，从其文献综述中，还可以得知更多相关研究。Robyn S. Goodman，*Prestige Press Coverage of Sino-American Relations from the Cold War's Demise to the Post-Cold War Period*：*Reagan's Final Years to the Clinton Administration*，*1985 to 1993*，PhD. Dissertation of Michigan State University，1997；Xigen Li，op. cit.

③ Robyn S. Goodman，op. cit.

报道上的诸因素，排除并提取出影响新加坡媒体报道的根本性原因（自变量，媒体外变量），即新闻体制要求媒体服务国家利益。由此建立起新加坡媒体国际问题报道倾向生成机制模型，即新加坡国家利益是媒体国际报道倾向生成的主导因素（相当于假设，待下文检测）。然后通过定性分析，确立新加坡在中美关系中的利益取向，主要表现为不支持“中国威胁论”和不赞成遏制中国的做法；支持中国加入国际经贸体制，促进贸易自由化；重视保持地区稳定的重要性；在意识形态方面基本不认同美国，与中国同中有异。这种利益取向与美国现实的对华战略和利益取向有很大的差异。

然后，本书主要以统计学方式，用传播学中的内容分析的方法对 1999—2006 年这七年间《联合早报》中美关系报道（996 篇，耗时 2 个月，具体操作介绍收在附录中）加以分析，[①] 总结该报在最近几年如何报道中美关系，其倾向性表现为何种分布形态；在内容分析部分，笔者主要考察了主题、中美关系状态、倾向、新闻与作者来源等几个操作变量（媒体内变量），并对这些变量进行了编码和细致的统计，从而得出了有关中美关系报道的数据化结果。比如，在安全关系问题上，早报记者评论倾向性分布；在意识形态类（人权、民主）问题上，不同作者群体的倾向性差别等。这些表明倾向程度和分布特点的数据初步说明了早报对中国或者对美国的立场和倾向。

在统计出早报的报道特点之后，将早报报道倾向与新加坡在中美关系中的利益取向进行对比分析，发现二者具有内在的逻辑联系。至此，假设得以证明，即新加坡国家利益是媒体（《联合早报》）国际报道倾向生成的主导因素。

另外，本书还运用了历史分析法、归纳法、实证研究法等

① 内容分析在西方传播学研究中一般在正文中单列一章，详细介绍文章的抽样标准、变量的操作化定义和编码的标准等研究过程。本书将其作为附录放在文末。

国际关系研究方法，这些方法的运用主要体现在对中美关系、和平崛起、新加坡的国家利益以及新加坡与中美关系的分析中。

总之，本书运用了传播学的内容分析法，同时结合了国际关系的研究方法，突出地运用了定量分析和科学实证的方法来分析媒体与国际关系互动中的学术问题。

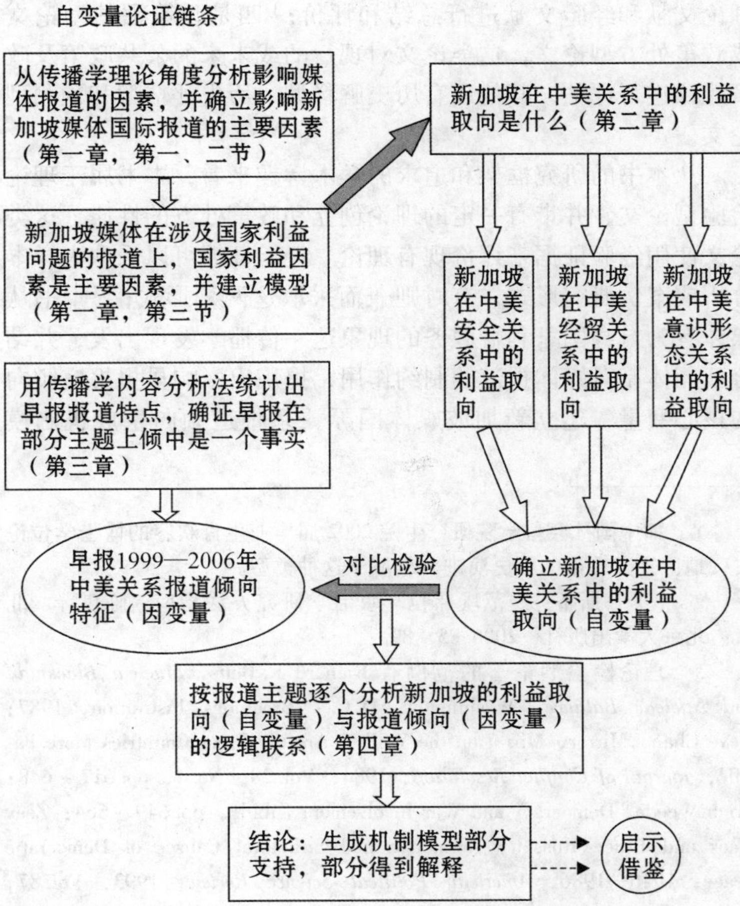

本书的论证思路和逻辑链条图解

3. 本书的学术类型

在开始研究之前，有必要交代一下本书的学术类型。斯蒂芬·范埃弗拉将博士学位论文类型大致分为七类：一是理论创立型论文，亚历山大·温特的《国际政治的社会理论》一书的模式有这种特色（虽不是学位论文）；二是理论检验型论文；三是文献评估型论文，这类论文是对关于某个主题的现有理论文献和经验文献进行总结和评价；[①]四是政策评估型论文或政策处方型论文，这类论文对现行的或未来的公共政策及政策建议进行评估，其他还有历史解释型、历史评估型和预测型论文。[②]

从本书的研究框架和追求的学术旨趣来看，本书属于理论检验型论文，并带有一定的理论创立和政策处方的性质。这类论文使用经验证据来评价现有理论。经验证据可以采取大样本分析或案例研究形式，有时则兼而采取这两种形式；[③] 本书从媒体有为自身国家利益服务的现象这一传播学发现出发，并结合新闻体制对媒体报道的制约作用，提炼出影响早报报道倾向的核心变量，建立新加坡媒体国际关系报道倾向生成机制模

---

① 如中国社会科学院研究生院 2002 届毕业生肖欢容的博士学位论文《地区主义理论的历史演进》就属于这种类型。

② ［美］斯蒂芬·范埃弗拉. 政治学研究方法指南. 陈琪译. 北京：北京大学出版社，2006. 85 ~ 89

③ 理论检验型论著的范例有 Richard K. Betts，*Muclear Blackmail and Nuclear Balance*，Washington，D. C.：Brookings Institution，1987；Steve Chan，Mirror，Mirror on the Wall... Are the Freer Countries More Pacific，*Journal of Conflict Resolution*，1984，Vol. 28，No. 4，pp. 617 – 648；Erich Weede，Democracy and War Involvement，ibid.，pp. 649 – 664；Zeev Maoz and Bruce Russett，Normative and Structural Causes of Democratic Peace，1946—1986，*American Political Science Review*，1993，Vol. 87，No. 3，pp. 624 – 638. 转引自［美］斯蒂芬·范埃弗拉. 政治学研究方法指南. 陈琪译. 北京：北京大学出版社，2006. 89

型，另外还特别分析了新加坡在中美关系中的利益取向是什么，最后将《联合早报》的报道倾向与新加坡在中美关系中的国家利益取向进行对比验证。而对结论的分析和推广则有理论建构和政策建议的成分。

4. 本书的创新之处

（1）采用内容分析和定量的方法来分析《联合早报》对中美关系的报道，不仅在国内华文传媒研究领域属首例，而且在中国的新闻学和国际关系研究中，这也是不多的定量研究之一。

（2）本书通过创建新加坡媒体国际报道倾向生成机制模型（涉及国家利益），然后以国际关系专业理论解析中美关系的困境，厘清新加坡在中美关系中的利益取向，回答了早报倾向生成机制这个需要考证和研究的问题。这不仅是对威权国家新闻体制、国家利益对媒体报道倾向作用效果的一次实证检验，而且是对华侨华人问题（华文传媒）与国际关系相结合问题的一次重要研究尝试。

（3）本书的结论从国际关系视角弥补了传播学界在探索提升中国形象问题上的对策不足。促进海外（华文）媒体客观、正面地报道中国，提升中国形象的工作，不仅要从传播方面努力，更要从国际关系方面寻找对策。

四、章节安排和主要内容

本书的章节安排借鉴了美国大学博士论文的通常做法，同时也考虑了国内学位论文框架安排的通常习惯。

本书主干部分共四章。

导论部分介绍了选题目的和意义、研究方法、创新之处以及本书的框架。

第一章是对《联合早报》倾向性生成机制的理论分析与探索。首先运用传播学理论分析了影响媒体报道的因素以及美国媒体与国家利益的关系。在新加坡多个影响因素中，新闻体制是最大的一个。它要求媒体为国家利益服务，新加坡媒体在长期的被管制中具备了一定的服务国家的“自觉性”。通过采取自变量解释性排除和关键变量提取程序，建立了新加坡媒体国际报道倾向生成机制的模型。

第二章是对新加坡在中美关系理论困境和中美关系中的利益所在进行分析，提炼出新加坡的利益取向（自变量具体化），即早报所维护和服务的内容。

第三章通过内容分析法统计，以表格加说明的方式，推出关于中美关系报道倾向性分布的统计结果（因变量）。

第四章是运用第三章的统计结果来检验新加坡在中美关系中的利益取向（自变量）与早报报道倾向（因变量）之间的关系。经对比分析发现，新加坡的利益取向与早报报道倾向呈多样化对应分布形态，二者保持着内在的相对一致性和逻辑联系，新加坡媒体国际报道倾向生成机制模型得到支持。在验证过程中，本书还取得了其他重要发现和规律。

最后是结语部分。主要回顾了本书的主要内容和论证过的结论，同时指出了本书结论的有限性，并就值得继续研究的问题和方向提出了建议。

第一章
国家利益与新加坡媒体国际报道倾向生成机制探索

早报为什么给人以倾向中国的印象？是它与中国的历史渊源导致的吗？是因为它是一份由华人创办的华文报纸吗？国家利益对新加坡媒体报道有什么作用？新加坡媒体国际报道倾向生成的机制是怎样的？

本书是以《联合早报》为例来探索国家利益与媒体报道的关系，在分析新加坡媒体国际报道倾向生成机制之前，有必要先借助有关传播学理论，分析一下媒体在报道过程中所受到的影响因素；另外，简要分析一下美国媒体与国家利益之间的关系，也可获得一些发现和参照。在此基础上，笔者将结合新加坡的新闻体制，探索影响新加坡媒体国际报道倾向生成的成因和机制。

第一节　媒体与国家利益：以美国为例的理论分析

假如单靠列举媒体可能受到的影响因素，我们可以列出很多，不同的因素会在不同情形下发挥不同程度的影响。“一个具体的国际现象的发生，对其产生影响的因素有很多，甚至可以说是无限的，而在研究一个国际现象时，对所有产生影响的因素都进行研究是不可能的。因此我们必须从众多的因素中选择出我们认为‘重要’的因素加以研究。这种选择需要控制变量才能做到，因此也称为‘变量控制’。”① 因此在寻找并确立核心变量关系之前，必须对其他可能设想到的媒介影响因素进行梳理，分析它们在这一变量关系中所发挥的作用，从而达到为核心变量关系分析进行变量控制的目的。

一、影响媒体报道内容的因素：有关传播学理论的分析

任何学科的理论都是对实践的总结，同时又是指导实践的原则和纲领。凭着想象，研究者也可以罗列一些因果关系，但

① 阎学通，孙学峰．国际关系研究实用方法．北京：人民出版社，2001.61

是，从理论上进行前导式的分析有助于研究者更清晰地认识所分析的问题的实质，尽可能地避免主观臆断。

帕梅拉·休梅克和斯蒂芬·瑞斯（Pamela J. Shoemaker & Stephen D. Reese）的等级模型（hierarchical model）是解释影响媒体报道内容的因素的重要理论之一。影响媒体报道的因素有微观层次的因素和宏观层次的因素。微观层次的有媒体工作者个人因素，它与个人的观念与价值取向有关；媒体操作规程和组织结构因素，它是指媒体的专业精神、公司政策和公司所有权等因素；宏观层次的因素包括政治和经济环境、主要广告商等影响因素，位于最外围的宏观因素则是指意识形态因素。①

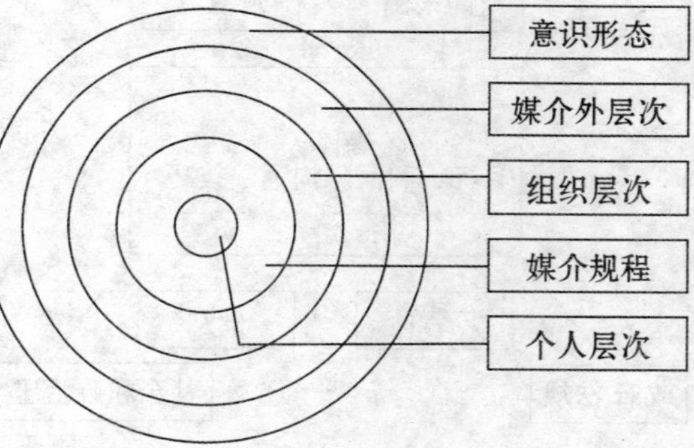

图 1－1　休梅克和瑞斯的同心圆等级模型

来源：Pamela J. Shoemaker，Stephen D. Reese，*Mediating the Message*，*Theories of Influences on Mass Media Content*，New York：Longman Publishing，1991

① Pamela J. Shoemaker and Stephen D. Reese，*Mediating the Message*，*Theories of Influences on Mass Media Content*，New York：Longman Publishing，1991，p. 183，See as in Xigen Li，*The Effect of National Interest on Coverage of United States-China Relations*：*A Content Analysis of The New York Times and People's Daily*，*1987—1996*，PhD. Dissertation，Michigan State University，1999，p. 4

与等级模型较为接近的一种理论是社会力量（social forces）学说。在媒体的内容产制过程中，多数媒体是在一种高度面向公众开放（public exposure）的状态下运作的，它们常常受到来自社会、经济赞助方、合作伙伴和受众的相互冲突的要求。格伯纳（Gerbner）所列举的影响传播者的多个外来力量角色（power roles）有客户（如广告客户）、竞争者和官方，另外还有投资者、媒体所有者、其他社会机构和新闻内容提供者等。①

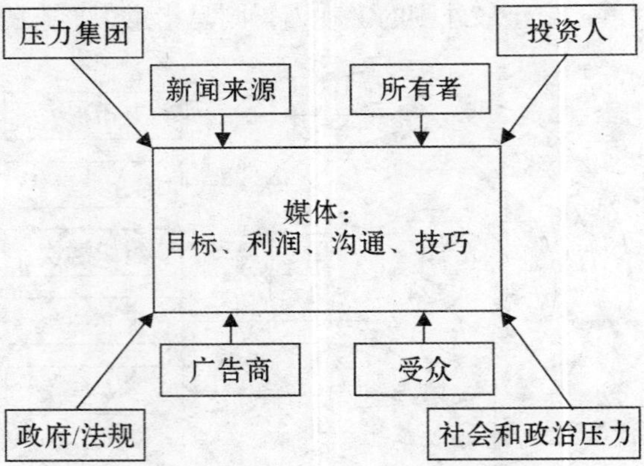

图1－2　关于媒介内容产制的社会力量模式

来源：Denis McQuail，Sven Windahl，*Communication Models：For The Study of Mass Communication*，New York：Longman Publishing，1993

以上两种关于内容产制影响因素的理论实际上是基本重叠的，将这些因素重新分类，大体可以将媒体所受到的影响因素归纳为三大类：来自媒体自身的影响因素，如理念、操作规程

① Denis McQuail and Sven Windahl，*Communication Models：For The Study of Mass Communication*，New York：Longman Publishing，1993，p. 160

和专业精神；来自官方的因素，如官方所倡导或推行的意识形态、新闻政策和体制；来自社会的因素，如广告商和读者等。

在上述关于影响因素的理论分析的基础上，我们可以结合现实来说明西方媒体在报道中所受到的影响力量。任何媒体都不是生活在真空中的，因此，它必然要与社会产生联系，也就是传播学中所说的“媒介外部的关系”。[①] 在这些外部关系中，首要的是媒介与政府的关系。因政治体制的不同，不同国家的媒介与政府的关系差异较大。在民主国家，一般也是新闻自由的国家，媒介通常起着监督政府的“第四权力”（the fourth estate）的作用，媒介与政府的关系较为对立。媒介的第一要务就是监督政府行为，揭露政府的腐败和其他违法行为。政府对媒介基本不存在控制，约束媒介行为的外部力量来自法律。政府和媒介虽然存在着这样的监督和被监督关系，但是二者也存在着一定程度的相互依存关系。政府需要媒介来帮助宣传有关政策和主张，制造有利于开展工作的舆论氛围和民意基础，而媒介在信息来源方面也有着某些先天的局限性。不少信息是为政府所垄断的，比如官方新闻、有关政策动向等，这些新闻的采访与播报都要靠政府提供信息来源。这就使得媒介在监督政府的同时又非常依赖政府。在另外一些区别于传统民主形式的国家里，新闻媒体基本都由政府控制。在这些国家里，没有民办和私营的媒体，只有官方和准官方的媒体，而控制媒介的程度则存在着差别。在某些国家，政府对媒体采取审查制度，有些国家则以新闻政策来指导和规范新闻行为，媒介则必须遵守政府的各类与新闻有关的规定。

在媒介的外部关系中，媒介与受众的关系也十分重要。媒介与受众关系好比舟与水的关系，除了那些完全依靠官方资助运行的媒介，一般媒介的生存必须依赖受众的支持与接受。受众是媒介所生产的新闻产品的消费者，媒介在初创乃至逐步成

① 张国良. 传播学理论. 上海：复旦大学出版社，1995. 148 ~149

长的过程中，十分重视受众对自身的评价和意见。媒介在收集这些信息后，对之加以分析和处理，然后就可作为进一步改进工作的经验进行内部推广了。因此，媒介了解自身受众的情况，关注他们的意见，避免伤害、得罪他们，或者触犯既有的主流观念，都是一些基本的常识性规范。这也就是说，媒介受众的政治认同、思想观念等情况会制约和影响媒介的报道。

一个媒体所处的政治与文化环境，从一定程度上将影响和决定它对报道对象的处理。纳尔·阿迈德·欧迈斯（Nabil Ahmad Oumais）在分析西方媒体对伊斯兰世界的报道时指出："媒体与社会的关系以及媒体与国家的关系，影响媒体的报道。它在决定选取什么新闻加以报道，以及有关阿拉伯和穆斯林世界的情况该如何加以叙述，以及用何种眼光对此进行分析等方面都扮演着十分重要的作用。"[①] 欧迈斯还指出，已有的关于伊斯兰世界的报道，例如，石油问题、人质问题、原教旨主义以及伊斯兰的历史形象等已经嵌入西方文化中。诸如伊斯兰教中对妇女的惩罚和处理方式已在西方社会形成了一种意识形态观念，这种观念对那些涉及文化产品生产的机构（包括媒体）将产生影响。[②] 当然要细致地讲明这种影响的过程是不易的，不过他指出，前人研究成果显示，文化和意识形态观念对新闻的编辑和写作是有影响的。

媒介从业者因素和媒体日常工作程序因素很典型地体现在媒体新闻的把关人作用上。这是一个有关传播者的理论，传播学奠基人之一的卢因在1947年发表的关于家庭购买行为的一篇文章中指出："信息总是沿着包含有'门区'的某些渠道流动，在那里，或是根据公正无私的规定，或是根据'守门人'

① Nabil Ahmad Oumais, *The Western Elite Press Construction of Islam* (*The Arabs and Iran*), (*1991—1999*), PhD. Dissertation of Wayne State University, 2001, p. 5

② Nabil Ahmad Oumais, op. cit., p. 7

的个人意见，对信息或商品是否被允许进入渠道或继续在渠道里流动作出决定。"[①] 也就是说，媒介特别是媒介的记者和编辑实际上在为何种信息能够得以传播起着把关和过滤的作用。

在分析媒体的报道立场和倾向时，要考虑不同的媒介工作者的态度、心理和政治认同以及社会影响力量等问题对报道的影响。这是一个需研究的层面多、因果关系交互作用复杂的问题。

二、国际关系和其他理论的分析

除了传播学理论，其他学科的一些理论也能为媒体所受到的外部影响提供解释。葛兰西（Anotonio Gramsci）认为，社会中的支配人群，有能力对社会实施智力和道德的引导，对于统治阶级而言，掌握权力更有效的方法，是通过文化产品的生产和销售产生的意识形态的控制，建立集体意志。[②] 这种带有批评主义色彩的评论实际上与前述影响因素中的社会力量因素有重合之处，这些"社会中的支配人群"，可以是利益集团、广告商或者是共享某种主流观念的人群，它们是媒体的供养者和媒体信息的消费者，因此，葛兰西的观点也表明了媒体所受的外来影响，但是，主导性影响因素的变动性会使得不同的媒体之间利益表达和诉求差异甚大。

国际关系理论中的建构主义也能解释媒体报道倾向，乃至其与国家利益的关系。建构主义认为国家的身份和利益不是预先给定的因素，而是在国家之间的互动中得以建构的。[③] 何英在分析美国媒体对华报道倾向时指出，美国社会的观念对美国媒体对华报道所体现出的国家利益、意识形态与价值观具有重

① 张国良. 传播学理论. 上海：复旦大学出版社，1995. 155

② 关世杰. 国际传播学. 北京：北京大学出版社，2004. 94

③ 秦亚青. 译者前言. ［美］亚历山大·温特. 国际政治的社会理论. 秦亚青译. 上海：上海世纪出版集团，2000. 4

要的建构作用，“领导者和救世主”观念建构了美国的霸主身份，“极权和专制”观念建构了中国的威胁者身份。“观念建构了身份和认同，观念、身份和认同与利益的互动、共塑与融合最终形成了美国的国家利益、意识形态和价值观，以及美国的民意和舆论。”① 因此，媒体记者和专栏作家，这些新闻内容的直接生产者，必然受到他们所处社会的观念的支配和影响，他们的观念就是他们自身与国家利益、意识形态和价值观、舆论和民意互动的结果。这种解释与传播学中关于意识形态因素的影响作用的解释大体一致，只是建构主义为同一问题提供了一个新的观察视角。

三、美国媒体与国家利益：共生与冲突并存

自由主义报刊理论是西方新闻自由的基础，美国传播学家弗雷德·西伯特作了这样的概述：“16 世纪提供了直接的现实基础；17 世纪见到了哲学原理的发展；18 世纪将这些理论付诸实践。”②

美国新闻体制是西方新闻体制的代表类型。17 世纪美国的开拓者来到美洲大陆，其主要原因之一就是为了躲避欧洲的专制统治与宗教迫害，寻求民主与自由的精神从一开始就融入一切规制的创建中。在美国独立革命期间，不少领导人都曾经利用报纸等媒介来宣传革命和独立思想，新闻自由的思想最终集中地体现在 1789 年生效的《权利法案》中。该法案的第一条对新闻工作者有着特殊的意义。它规定：“国会不得制定下列法律：确立宗教或禁止宗教自由；剥夺人民言论或新闻出版

① 何英．美国媒体与中国形象（1995—2005）．广州：南方日报出版社，2005. 139 ~ 140

② 李良荣等．当代西方新闻媒体．上海：复旦大学出版社，2003. 62

自由；剥夺人民和平集会及向政府请愿申愿之权。”①

在这样自由的新闻环境下，媒体在具体国际问题上的立场和倾向是否与自身所属国家是相对一致的呢？媒体是否是为国家利益服务的？这个问题在新闻与国际关系结合的研究中常常被提起。关于这个问题，美国学者已经有一些实证研究和发现，虽然结果有些差别，但他们基本都同意，媒体有为国家利益“说话”的现象（speak for the nation）。

张灿国（Chang T. K. ）1993 年的研究发现，如果媒体卷入了外交政策决策过程，国家利益会成为媒体报道的重要影响因素；赫伯特·甘斯（Herbert Gans）1979 年的研究发现，美国媒体的国际新闻特别关注涉及美国国家利益的问题；帕勒兹（Paletz）和恩特曼（Entman）1981 年的研究指出，美国媒体在国际报道中倾向于与美国外交政策保持一致，其常常依赖那些代表美国国家利益的新闻信息源。② 古德曼（Robyn Goodman）的研究则发现，美国主流媒体在国际报道中也常常出现独立于政府的现象，这就意味着媒体和政府都在维护“国家利益”，但它们的观点和主张的利益取向可能有别，也就是说，西方媒体虽然反映国家利益，但在倾向上不一定与政府一致。

张巨岩认为，战争时期，在对外关系和重大的政治问题上，美国媒体和政治权力一般都保持着密切的“情人”或“共生”关系，而不是流行观念中的总是对政治权力制衡和监

① ［美］迈克尔·埃默里，埃德温·埃默里，南希·L. 罗伯茨. 美国新闻史：大众传播媒介解释史. 展江译. 北京：中国人民大学出版社，2004. 80

② Tsan-Kuo Chang, *The Press and China Policy: the Illusion of Sino-American relations, 1950—1984*. Norwood, N. J. : Ablex Pub. Corp. , 1993, p. 36; Herbert Gans, *Decoding What's News*, New York: Random House, 1979; D. L. Paletz and R. M. Entman, *Media, Power, Politics*, New York: The Free Press, 1981, p. 215, 转引自 Xigen Li, op. cit. , pp. 22 – 23

督的“看门狗”。[①] 然而，二者也并非在一切问题上总是一致和亲密无间的，最典型的例子如20世纪60年代美国媒体反对越南战争，从媒体立场考虑，它们也是在维护它们所认定的正确的国家利益；最近的例子是关于伊拉克战争的媒体报道，媒体在战争初期支持政府，到美国付出代价渐高以后，反对的声音开始上升。

媒体和政府的共生关系维系在《宪法第一修正案》、《信息自由法案》，以及《阳光政府法案》等法律框架内，[②] 有了这些法律的保障，媒体不必过分担心来自政府的报复。

对于这种传播学现象，前述传播学有关理论可对此加以解释。西方的媒体处于一个相对宽松的报道环境中，因此，它并不天然地需要听从政府的指令，促使其倾向产生的影响因素是多样性的。媒体在特定问题上是否服务于政府认定的国家利益，上述因素中的任何一个因素都可能发挥干扰作用，故而媒体在反映国家利益的时候会出现与政府不同的倾向。这个问题的复杂性使得学者们在获得媒体服务于国家利益的结论之后，关于媒体与国家利益关系的研究还在继续，他们没有把这当作定论而放弃继续进行更多的实证分析。

无论是传播学理论的解释，还是国际关系理论的解释，它们都认为媒体有表达国家利益的现象，但是，这种对于利益的认知有赖于具体的生产者的认知、媒体拥有者的倾向、编辑团队的理念和其他社会力量的作用。由此可见，西方媒体可能与政府持相同的利益观，但也可能受到其他因素的作用而与政府

---

① ［美］张巨岩．权力的声音：美国媒体和战争．北京：三联书店，2004. 227

② 美国媒体的政治浪漫主义除了有《宪法第一修正案》的保护之外，还在过去三十多年来获得了若干具体细致的联邦法律的保护，这些方案涉及政府信息公开、报道自由等媒体权利。参阅［美］张巨岩．权力的声音：美国媒体和战争．北京：三联书店，2004. 222

“唱反调”。新闻自由环境下媒体与国家利益的关系往往要因事而异，具体问题具体分析。

第二节　媒体与国家利益：新加坡体制下的分析

新加坡是一个威权国家，它的体制原则上要求媒体在国际报道中服务于国家利益。那么，威权体制与倾中有什么关系？服务国家利益与倾中又有什么关系？

从前一节的分析中可知，在自由新闻环境下，影响媒体报道的因素活跃且复杂，美国媒体也有服务国家利益的现象，但又常常出现与政府不一致的情形，这正是因为影响因素繁多且相互之间出现竞争局面导致的。新加坡是一个特殊的国家，这些影响因素虽然也都存在，但是影响力悬殊。关于新加坡新闻出版自由的争议多年来持续不断，它既是一个国内政治问题，也是一个值得关注的国际问题。

一、新加坡的新闻理念和新闻自由状况

在中世纪的英国和法国，社会被严重分化为不同的阶层。第一阶层是教士；第二阶层是贵族；第三阶层是市民；而第四阶层就是指媒体了。[①] 对于西方新闻界将媒体看作是社会的“第四阶级（阶层、权力）”的观念，新加坡前总理李光耀颇有微词：“有一种不适合新加坡的价值观便是把报章视为第四阶级。自从英国人统治时代起，新加坡的报章从来未曾是第四阶级。根据新加坡的经验，多种种族和多种宗教混合的局面，易生变化，因此美国的‘舆论市场’概念，不但不能产生和

① John Vivian, *The Media of Mass Communication* (sixth edition), Washington DC: Pearson Inc., 2003, p. 432

谐的见解，达到兼听则明的效果，相反地却时常会导致暴乱和流血。”① 新加坡领导人对媒体的监督作用持完全实用的态度，而不是望文生义地去实践概念的内涵。

新加坡政府有关新闻自由的政策多年来不断受到民间和他国官方的批评。在无国界记者组织（Reporters Without Borders）2004 年度的世界新闻自由指数排行榜上，新加坡名列全部 167 个被统计国家的第 147 位，与不丹（列第 146 位）、伊拉克（列第 148 位）和巴基斯坦（列第 150 位）等国家排名接近。② 该组织援引了以下原因作为新加坡排名的依据：完全没有独立的报纸、电台和电视台；对违反新闻法规的人处以刑罚；推行媒体自由审查制度，并且反对党没有运用国家媒体的机会。美国国务院 2005 年的人权报告也指称，新加坡政府有意限制宪法所规定的言论自由、集会的权利，并且制造一种行使这些权利属于违法行为的氛围。2005 年底，即将离任的美国驻新加坡大使富兰克林·拉文（Franklin L. Lavin）批评新加坡政府压制政治表达的自由，并且说这种做法在一个互联网主导的社会中是极其不合时宜的。③

对于这些批评，新加坡政府也一直以几乎一贯的口吻和立场予以回击。无论是总理还是部长，他们为新加坡特色的新闻自由进行解释和辩护的逻辑是相似的——新加坡是一个种族复杂、语言多样、文化多元的社会，为了维护这个国家的统一、和谐，必须采取政府严格管制下的新闻出版体制。维护这个社会的和谐与统一的确要求领导者具备超凡的魄力与智慧。

---

① 李光耀. 李光耀 40 年政论选. 北京：现代出版社，1996. 551

② *Third Annual Worldwide Press Freedom Index*, http://italy.peacelink.org/mediawatch/docs/479-7802_asia_index_eng_2004.pdf

③ http://www.siiaonline.org/freedom_speech#criticism

二、新加坡媒体倾向生成的制度环境

为保障新闻不破坏新加坡的国家利益，使之为促进国家和社会稳定、族群和谐、文化发展服务，新加坡政府采取了多管齐下的严格的新闻管制措施。

（一）制度与机构上的管理

新加坡管理新闻的机构是传媒发展局（Media Development Authority，简称 MDA），MDA 成立于 2003 年 1 月，它是由新加坡广播局、电影和出版局以及电影委员会合并而成的，其主要目的在于发展媒介产业，创建有利于媒介发展的环境并进行媒介管理。它一方面致力于推动媒介产业发展繁荣，另一方面是对媒介内容进行管制，以保护“核心价值”和消费者（含受众）的利益。其最终目的是协助新加坡成为一个有活力的全球化城市国家，并达到经济发达和社会统一和谐的目标。[①]

为约束媒体行为，新加坡出台有《报章和印务馆法令》、《诽谤法令》、《煽动法令》、《内部安全法令》、《官方机密法令》与《不良刊物法令》等。1971 年，新加坡政府还根据《内部安全法令》，逮捕了《南洋商报》的四名管理层及编辑部高级职员，罪名包括煽动华人种族主义和沙文主义情绪。新加坡政府认为，报纸可以享有新闻自由，但是其角色是促进共识、协助建国，不是挑起对抗、破坏稳定。[②]

（二）对传播内容的管理

新加坡政府对新闻传播内容进行管理的目的是“让信息使用者和社会受益”。通过建立规章，公众可以接触到来源广泛的信息，同时，要确保年轻人不受不良信息的冲击。传媒管

---

① 资料来源：新加坡传媒发展局网站，http：//www. mda. gov. sg/wms. www/aboutus. aspx

② 袁舟．媒体集团的经营与管理：新加坡报业控股的成功之道．汕头：汕头大学出版社，2003. 80

理局对媒体的管理采取的是软性接触（light-touch）方式，他们与公众和传媒产业就内容和标准进行密切合作，以促使传媒工作者自觉遵守规章制度，肩负社会责任。① 在具体报道上，政府也明确划定诸多界限，媒体必须谨慎遵守，不得越雷池半步，如不准谈论种族、语言、宗教问题是非，以防有关新闻报道引起国内种族冲突、社会动乱或影响与邻国的关系。

（三）严格控制传媒所有权

为确保新加坡的报纸掌握在以国家利益为重的新加坡人手中，政府对报刊出版公司的股份结构和管理权作出了明确规定。1975 年 1 月，《报章与印务馆法令》开始实施，新加坡报纸开始改制。2002 年，新加坡又通过了《报章与印务馆（修正）法案》，其目的就是对报刊进行控制，并防范资本集中，有研究者将其概括为“政府控制、公众所有、集团经营”。②

新加坡报刊必须有新闻及艺术部长发出的许可证才能出版，许可证必须每年更新，公司董事必须是新加坡公民，公司个人或机构不得拥有超过 3% 的股份（2002 年 7 月以后提高到 5%）。股份分管理股和普通股两种，管理股占总股份的 1%，只能发给那些部长批准的新加坡公民或机构；在有关委任或开除任何董事或者报纸员工的投票表决中，每份管理股拥有 200 票表决权。③

（四）严格控制从业人员特别是高级管理人员

除了董事必须是新加坡人之外，新加坡政府对媒体的高级管理人员实行考察制度。报纸总编辑须经新闻及艺术部长批

---

① 资料来源：新加坡传媒发展局网站，http：//www. mda. gov. sg/wms. www/devnpolicies. aspx？ sid =87

② 孙发友，李艳华．新加坡新闻传媒控制模式透视．编辑之友，2005（2）：65

③ 袁舟．媒体集团的经营与管理：新加坡报业控股的成功之道．汕头：汕头大学出版社，2003. 40 ~41

准，报业控股的领导人都曾在政府内部担任要职，他们多数人都有多年的官场历练，因此能够较为准确地执行政府的政策和意志。各报的总编辑也都是经过长期磨砺和考验、了解本国国情、能够忠实执行集团编辑方针的老报人，在业务和政治上都具备很强的专业素质。①

由于政府严加管控，在新加坡国内政治问题上，媒体很少会对政府提出批评。吴作栋总理就曾警告过媒体，他不能容忍不加管束的调查性新闻，“看门狗，意思就是它们可以调查任何事情，展示它们的观点，确定它们的议程，我不能同意这种做法”。新加坡过去有不少记者因言获罪，被特别安全警察审问过。一位叫维路（Veloo）的记者说：“我的印象是一个电话可能结束一个记者的职业生涯。”② 另外，由于新加坡政府的干预作用，新加坡几乎所有的报纸都集中在新加坡报业控股公司（Singapore Press Holdings）的麾下。这样，如果任何单位和个人要刊登广告，只能选择新加坡报业控股公司的某家报纸来办理这项业务了。在这种垄断经营的体制下，新加坡的报业控股公司生存环境十分有利。

三、强调新闻服务国家利益

新加坡政府在严格管制新闻事业发展的同时，也强调媒体必须为国家利益服务的思想。毛泽东曾经对《晋绥日报》讲过大意如下的话，“报纸的角色和能力存在于它们能否以最快和最广泛的方式，把党的纲领、路线和方针政策、党的任务和

① 袁舟．新加坡报业集团的成功之道．新闻记者，2003（2）：42

② Roger Mitton, *What The Papers Say: The press has a regional voice. But is it mute on some local topics*, http://www.asiaweek.com/asiaweek/magazine/2000/0324/cover.3papers.html

工作方法传递给群众”，李光耀也作过类似的表述。[①] 新加坡政府强调，报纸绝对不能被外国势力利用，从而危害新加坡国家利益。记者如果私自接受外国资金并发表有关新闻，或者采取某种带有偏见的报道，可能被判刑两年或罚款5 000美元。[②]

对于政府的管制，至少从公开表态上，《联合早报》采取的是积极配合和支持的态度。1992年5月13日的《联合早报》明确表达了自身的性质：（早报）作为一份全国性报章，维护国家社会利益；接近中下层人民，积极反映民生民情；维护母语和传统文化及价值观，吐露华社心声。[③]

《联合早报》主编林任君曾表示：“在华文报工作的人，认为维护国家社会的整体利益、支持廉洁贤明的政府和尊重被普遍接受的权威是理所当然、无须边界的。在这方面，新加坡主要华文报《联合早报》的表现相当有代表性，而它的编辑方针就清楚写明‘必须以维护新加坡国家利益为依归’。相对于英文报同行来说，华文报的新闻从业员更加没有那种‘报章或报人必须挑战政府的权威才能建立本身的威信’的心理负担。”[④] 因此早报不但不与政府对抗，相反还是政府政策的忠实执行者，为促进政府施政效率服务，从而使新加坡人民受益。林任君曾在一次国际学术会议上反问道：“要我们拆政府

---

① Alex Josey, *Singapore: Its Past, Present and Future*, London: Andre Deutsch Limited, 1980, p. 109

② Alex Josey, *Singapore: Its Past, Present and Future*, London: Andre Deutsch Limited, 1980, p. 109

③ 转引自崔贵强. 东南亚华文日报现状之研究. 新加坡：华裔馆、南洋学会，2002. 26

④ 林任君. 与西方传媒巨人的对抗——新加坡对西方媒体的反击与新加坡的媒体模式. 前进论坛，1996（7）：10

的台？那不是和自己过不去吗？”①

《联合早报》的配合态度一度还得到总理吴作栋的表扬，他强调媒体在国家建设中有着重大作用，并且应该促进社会团结。②

总之，包括《联合早报》在内的新加坡媒体，在资金、经营许可证、高层人员任命和报道内容等多个方面都受到新政府的严格管控，这种严格的管制使得新加坡的媒体出现了一个独特的面貌：一是“管”与“放”统一，针对报刊的制度有《报章与印务馆法令》、《不良刊物法令》等多项法规，但同时，政府又采取了“放”的做法，只要传媒资本未出现过分集中现象，市场是开放的，政府对传媒的管理也是宏观的；二是社会效益与经济效益统一，如新加坡报业控股集团在《报章与印务馆法令》颁布之后的十几年里，股东资金增加了6.5倍，年净利增加了4倍，集团成为新加坡第六大上市公司，市值73亿新元。③

第三节　倾向生成模型的创建

一、多因素作用下的方法选择

从前述传播学理论分析中，我们知道媒体在报道过程中会

---

① 林任君. 新加坡对西方媒体的反击与新加坡媒体模式. 95世界华文报刊与中华文化传播国际学术研讨会论文。这篇文章通过百度引擎搜索到。

② Wendy Bokhorst-Heng, Newspapers in Singapore: A Mass Ceremony in the Imagining of the Nation, *Media, Culture & Society*, 2002, Vol. 24, p. 560

③ 孙发友，李艳华. 新加坡新闻传媒控制模式透视. 编辑之友，2005 (2): 66

受到很多因素的影响，同样，导致媒体会为国家利益“说话”的因素也是多样化的。新加坡新闻体制要求媒体在报道国际事务时服务于国家利益，这是否是决定新加坡媒体国际报道倾向的主要因素呢？正如前面的传播学理论分析告诉我们的，影响媒体报道的因素很多，即便是在新加坡的威权体制下，影响媒体报道的因素并非只有新闻体制以及国家利益。其他因素，如编辑团队和其他社会力量就没有发挥作用么？它们的地位该如何把握？

沃纳·赛佛林（Severin）和小詹姆斯·坦卡德（Tankard）将世界报业分成四大类：集权主义（authoritarian）、自由主义、社会责任和苏维埃—极权主义。[①] 依据前面关于新加坡新闻环境的分析可知，新加坡的报业就属于集权主义型，因此，作为政府统治工具的媒体，对它构成最大影响的因素就是意识形态和新闻体制了。然而，国际问题报道并非是新加坡最为敏感的问题，媒体报道在这些问题上接受的是原则性指导，拥有一定的报道自由度，这就为其他因素发挥作用留下了一定的空间，因此，在本研究中，必须对多个自变量（影响因素）的作用进行讨论。

在科学实证型研究中，当一个因变量受到多个自变量影响的时候，其处理办法是：①排除不发生作用的变量；②控制干扰变量；③对干扰变量进行解释处理，说明它们在作用过程中的作用，但地位有限。在研究影响早报报道的变量中，干扰变量是无法排除的，也是难以控制的，最好的处理办法是分析这些干扰变量在影响过程中的作用大小，从而达到突出主要变量

① ［美］沃纳·赛佛林，小詹姆斯·坦卡德．传播理论：起源、方法与应用．郭镇之等译．北京：华夏出版社，2000. 339

的目的。[1] 这样的处理方法是不是就不科学了呢？

在社会科学中，即使运用科学研究方法，模糊仍然是一个无法逃脱的困境。然而，科学的本质是方法，英国教授卡尔·皮尔逊早就总结过："构成科学的并非事实本身，而是整理事实的方法。"[2] 也就是说，研究结论是否科学的衡量标准也应看其研究方法是否规范、推论的逻辑是否严密。

本书讨论至此，实际上就进入了关键的变量筛选与控制的工作阶段了。在国际关系研究中，全面分析法（comprehensive analysis）与严格分析法（rigorous analysis）是相对应的。全面分析法采取的是面面俱到的路径，它对问题的各个方面都加以考虑，然后得出一个综合性的结论。这种方法的好处是漏洞少，有利于制订综合性政策方案。可是它的缺陷也是十分明显的：第一，不能发现主要矛盾和矛盾的主要方面。由于认为所有的因素都起作用，于是就无法知道什么因素起了决定性作用，也就无从了解导致一个国际关系现象的根本原因。第二，找不到规律性的因果关系。[3]

本书希望通过采用科学方法，找到解释早报所谓倾中相对规律性的原因，并探索类似于新加坡这样的威权国家的媒体国际报道的倾向生成机制，这样的发现和结论对于解释相似的案例和现象能够起到说明作用。严格分析法就是追求这样的学术旨趣的研究方法，它与全面分析法的根本区别在于它强调导致国际关系现象发生的根本原因。"这种分析方法并不否定一个国际关系现象是多种因素相互作用的结果，但这种分析方法认

---

① 就干扰变量的处理，笔者专门与清华大学国际问题研究所从事国际关系科学实证研究的博士（后）漆海霞进行过多次探讨，她认可这种处理办法，也是在本书情境中较为合理的处理办法。

② 阎学通，孙学峰．国际关系研究实用方法．北京：人民出版社，2001. 14

③ 阎学通，孙学峰．国际关系研究实用方法．北京：人民出版社，2001. 122 ~ 124

为非主要因素的影响力是有限的，它们只有度的影响，而不会产生质的影响。"①

如前分析，媒体在报道中要受到多种因素的影响，而在新加坡的意识形态和新闻体制下，服务国家利益因素可能起着重要作用，但是，我们仍然不能排除其他因素的作用。对于其他因素，比如，主编的个人偏好、对读者口味和思想倾向的考虑、对主要广告商背景的考虑等因素，都有可能使得"国家规定"在大方向下发生某些偏离。

二、媒体：一元系统单位

尽管媒体不是一个政治学意义上的国际关系行为体，但国内外关于媒体与国际关系的研究已经表明它与国际关系之间存在互动，它被国际关系影响的理论和事实依据确凿无疑。此处，为分析的方便，可以将它类比为具有一元特征的国家。

秦亚青在提出霸权护持假设所依据的几个理论假定之一就是国家的一元系统单位特性。② 在国家对外决策以及众多政治学问题中，国家被假设为理性的行为体，所谓理性，是指从前提逻辑推断结论的能力，在决策方面，理性就是行为体为实现预期目标或获得最大价值而选择最有效和最合适的政策的能力。③自由主义政治经济学的一个前提性假设是借用经济学的"经济人"假设。组织和行为体在自己的活动中，就像古典经济学所说的"经济人"一样，是以理性计算为基础，追求效用最大化的。尽管它们具体的目标是多种多样的。与之相关的

---

① 阎学通，孙学峰．国际关系研究实用方法．北京：人民出版社，2001. 124

② 秦亚青．霸权体系与国际冲突．上海：上海人民出版社，1999. 132

③ 秦亚青．霸权体系与国际冲突．上海：上海人民出版社，1992. 92

分析途径是所谓“理性选择”理论——将政府行为或政治现象作为市场过程并且依照“经济人”假设加以分析评估。[①]国家的利益目标是有着相对的稳定性的，并且根据具体情况，国家诸项目标有着轻重缓急程度的不同。国家会权衡各种政策手段的成本和收益，最大限度地获取效用价值是国家政策的指导原则。[②]

国家在作出决策行为时是在一个复杂的社会环境中展开的。国家的决策会受到各种来源的影响因素的作用。众所周知，利益集团之间的竞争是最为常见的现象。这种复杂的影响，可以看作是国家政策制定过程中的信息输入，“社会集团希望把自己的集团利益等同于国家利益，但是，最终的政策输出仍然是国家的独立决定”。美国学者布鲁斯·布伊诺·德·梅斯奎塔（Bruce Bueno de Mesquita）认为，政策顾问、内阁成员、政府部门、立法机构、利益集团以及公众舆论在决策过程中的作用虽然重要，它们会影响到国家的决策，但是，最后政策选择仍然是由国家定夺。[③] 这实际上就是对影响因素的模糊化和集中化处理。不将国家决策的主体明确，研究决策问题就会变得不可能。

借鉴国家决策分析的方法，将处于多种影响因素作用下的媒体假定为如同国家一样的“理性人”是合理的。新加坡媒体虽然处于以国家新闻体制要求为主的复杂因素构成的工作环境中，但在多数问题的报道上，政府只作原则性规定，报道的尺度和边界往往是变动和不确定的。因此，新加坡媒体要以一

---

① 王逸舟. 西方国际政治学：历史与理论. 上海：上海人民出版社，1998. 523 ~ 525

② Graham T. Allison, Conceptual Models and the Cuban Missile Crisis, *American Political Science Review*, 1969, Vol. 63, No. 2, pp. 694，转引自秦亚青. 霸权体系与国际冲突. 上海：上海人民出版社，1999. 93

③ 秦亚青. 霸权体系与国际冲突. 上海：上海人民出版社，1999. 132 ~ 133

种社会化的角色，以理性的身份来选择报道的内容，决定报道的倾向。

玛莎·费丽莫（Martha Finnemore）的研究指出，社会结构——行为和社会制度的规范——能给国家提供行动的方向和目标。行为体把角色、规范内化成遵守的正本，他们这样做不是出于自觉的选择而是因为他们知道这些行为是适当的。[①] 媒体也不是生活在真空中的，如同国家在国际社会被社会化一样，新加坡媒体在报道国际问题时，也往往被社会化了。在新加坡，虽然媒体在涉及国家利益的问题上被要求服务于国家利益，媒体负责人也有特殊政治背景，但是，媒体终究是在一个复杂的社会系统中运转，这就为观测它的倾向生成效果提供了意义和价值。它如何受到国家利益的影响？它表现为何种倾向分布形态？我们能够从中获取何种政策启示与借鉴？这些问题为分析威权国家的媒体与国际关系，特别是媒体与国家利益的关系开拓了一个新的探索空间。

三、倾向性生成机制模型的建立

依据前述讨论，本书在此处依据现有的经验与信息，假设在新加坡新闻环境下，新闻体制的作用居于主导地位（新闻体制要求媒体服务于国家利益）。如果它的作用是主导性的，那么通过检验，我们应该可以发现，早报在特定国际问题的报道上的倾向应该与新加坡的相关国家利益取向存在逻辑联系。通过这一逻辑联系，我们可以发现某种利益与相应的倾向之间的联系。

图 1－3 是本书依据相关理论分析，并结合新加坡政治与新闻环境创建的模型，它基本可以说明新加坡媒体在报道涉及国家利益问题时的影响因素作用。

---

① ［美］玛莎·费丽莫. 国际社会化中的国家利益. 袁正清译. 杭州：浙江人民出版社，2001. 37

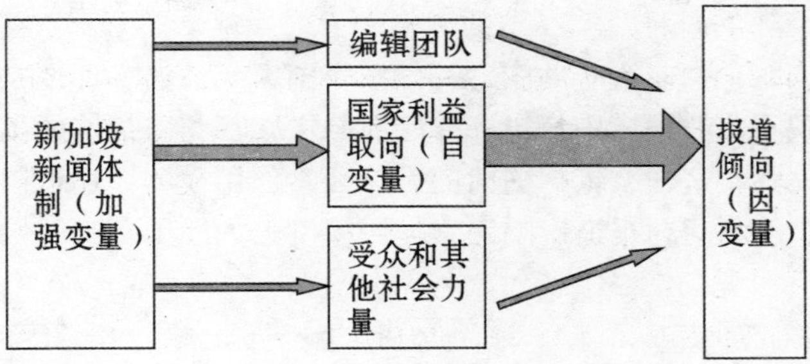

图 1-3　新加坡媒体国际报道倾向生成机制作用模型（涉及国家利益）

在这个模型中，国家利益取向是自变量，报道倾向是因变量，新加坡的新闻体制（含意识形态等因素）是国家利益的加强变量，它使得国家利益（取向）能够发挥影响报道倾向的主导作用。对于编辑团队、受众和其他社会力量因素而言，新闻体制是一个抑制变量，它削弱了这两组变量自主发挥作用的能力。与新闻自由的国家不同，在威权国家，媒体服务国家利益不是通过非胁迫性影响完成，而是通过制度压力实现的，尽管这种强加行为在现实中也有内化为自觉的可能。本书创立的模型能够很好地以简化的形式表明新加坡媒体在报道涉及国家利益问题时的影响因素作用与自由媒体的区别，编辑团队的理念、受众和其他社会力量的作用在这个模型中受到约束。

新闻是由媒体工作者制作出来的，来自各个方向的影响因素最后都要集中到编辑团队身上。在报道国际问题时，作为编辑团队，他们本身的理念，社会的影响，商界的要求，读者的心理都最终要在新加坡意识、新加坡文化和服务于新加坡利益这一最终规范下混合，形成一种现实的指导媒体报道的客观实在。倾向、立场就是由这种客观实在的媒体实有理念决定的，它追求媒体经济效益，但服务国家利益考量可能位居主导。另外，由于新加坡政府的管制与媒体的配合之间实现了较好的良性互动，新加坡报业集团在维护社会效益的同时，也实现了较好的经济效益。①

然而，并非所有的问题都是涉及国家利益的，即便是在国际关系问题的报道中，也并非所有的主题都与新加坡的国家利益有关联，这样，依据前面的影响因素作用模型，还可以建立一个非涉利问题报道影响因素作用模型，如图 1－4。

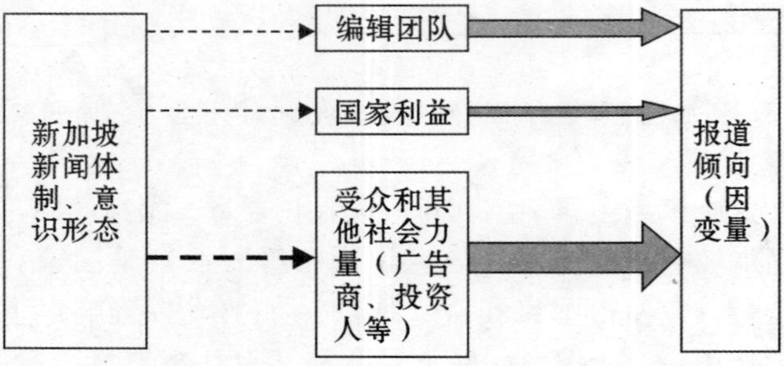

图 1－4　新加坡媒体报道倾向生成机制作用模型（基本不涉及国家利益）

当媒体报道的问题不涉及国家利益时，影响媒体报道的因素开始出现竞争局面。在这个模型中，编辑团队、受众、广告商、投资人、媒体所处的意识形态环境等因素都可能开始发挥作用。新闻体制、意识形态发挥着宏观的影响作用，编辑团队、广告商、受众心理、文化环境、民族心理等因素的作用开始上升，国家利益的影响作用大大减弱。② 这一模式其实也是西方媒体所处的影响模式，由于影响因素太多，西方严谨的学者在谈及媒体报道特征的产生原因的时候，从来都特别小心，

① 袁舟．媒体集团的经营与管理：新加坡报业控股的成功之道．汕头：汕头大学出版社，2003. 42

② 这里所指的不涉及国家利益的问题其实也不是绝对的。有些问题的确与国家利益无关，而很多问题可能涉及国家利益的程度很低，故而国家利益的影响因素发挥作用的程度很低。

很多研究都是选择一两个影响因素进行定量分析。

从不同的国际关系理论出发，国家利益大致可以分为政治安全利益、经济利益和意识形态利益。美国的研究者在 20 世纪 90 年代的研究中，还对国家利益进行了“层次”划分。在国家制定政策时有着轻重缓急作用的利益层次是否会反映到媒体的报道中来呢？媒体关注的问题，反映的国家利益倾向是否也与相关国家的利益是相对一致的呢？在上述假设的新加坡媒体国际报道倾向生成模型下，新加坡的国家利益是否真的能够明显地影响和决定媒体的报道倾向呢？要验证这个模型的有效性，必须选择有代表性的媒体的国际报道进行检验。本书选取《联合早报》中美关系报道作为案例进行检验就是基于这样的考虑，既然在案例检验中是要检测报道倾向与国家利益的关系，因此，本书还必须明晰新加坡在中美关系中的利益取向，这是下一章要分析的问题。

本章小结

本章从传播学关于影响媒体报道内容的理论出发，并结合新加坡的新闻体制与环境，分析并确立了新加坡现实新闻产制中，影响国际问题报道倾向的生成机制——多因素聚合下的服务国家利益因素主导媒体报道倾向（这其实也是本书待检验的假设），并创建了这种作用方式的模型。

同时，本章通过分析还发现，如同国家具有理性“经济人”和社会化角色一样，新加坡媒体也具有十分鲜明的理性人和社会化特征，它服务国家利益的意识已经内化到编辑团队中间。

可是，新加坡媒体被要求服务国家利益，它就得倾中么？

如何解释早报报道中的倾美现象、平衡现象？[①] 为国家利益服务与早报倾中之间并不能画等号。倾中也并非都是国家利益作用；服务国家利益并非就是要倾向中国，它还包含着倾美的情形、中立或平衡报道的情形。

因此，要回答这个问题，还必须厘清新加坡在中国崛起过程中，在中美关系中的国家利益取向。下一章将分析中美关系的理论与现实困境、摩擦与冲突、新加坡在中美关系中的政策，以探索新加坡在中美关系中的利益取向及其与美国在对华战略中的利益诉求的差别，即《联合早报》在报道中美关系中所需要维护和遵从的利益取向。

① 通过阅读或者统计，我们都能发现早报在某些事务上是倾向美国的。

第二章

在中美关系课题上新美国家利益取向

新加坡与中国和美国都有着较为密切的经贸合作关系以及其他重要利益关系，它和美国的合作甚至已到达高级阶段的安全合作。《联合早报》为什么会给人倾向中国的印象？如果说早报在中美关系报道中服务了国家利益的需要，那么新加坡在中美关系中的国家利益取向是什么？

在导论部分，本书已经指出，报道对象的冲突性主题越多、冲突性越强，报道对象本身在国际关系中的影响力和重要性越突出，案例检测的效果就越有意义。因此，对于本书所讨论的报道对象——中美关系本身，也很有必要进行梳理。当前中美关系根本矛盾和结构冲突与早报报道立场之间是否有着必然联系？中国和平融入国际社会的困境表征——中美关系中的冲突对新加坡的国家利益有什么影响？新加坡在中美关系中的利益取向必须放到中国崛起与国际社会，特别是与美国的关系中进行考察，要将它和美国在中国崛起过程中的利益取向和战略心态进行对比。认识中国崛起与中美关系本身，有助于分析《联合早报》对中美关系的报道倾向和立场。这就是必须专门从理论到现实分析当前中美关系的原因。

第一节　中美关系的理论困境与美国的国家利益取向

在中国悄然放弃“和平崛起”提法的同时，2005 年，美国出现了关于中国崛起问题报道的风潮，一些著名期刊，如《外交政策》（*Foreign Policy*），《时代周刊》（*Time*），《新闻周刊》（*Newsweek*）和《外交》（*Foreign Affairs*）等，[①] 都分别对中国崛起进行了专题报道。国内外学者都在冥思苦想同样一个问题：“当代中国崛起的过程，如何向世界证明，它将摆脱国际关系史上列强恶性竞争带来地区冲突和国际动荡的‘怪圈’？”[②] 要真正摆脱这一“怪圈”，中国必须在崛起之余实现和平融入国际社会的目标，这个问题不能因“崛起”一词的

---

① Foreign Policy，*Time*，2005，Vol. 165，No. 26；Fareed Zakaria，Does the Future Belong to China，*Newsweek*，*Foreign Affairs*，May 9，2005

② 王逸舟. 挑战难题（主编的话）. 世界经济与政治，2004（4）：1

沉寂而沉寂，相反，它很“可能是一个与建设中国国际关系理论学派有关的核心理论问题”。①

在中国崛起的现实趋势下，美国的对华战略心态十分复杂，本节将通过分析中国崛起的理论困境来揭示美国在中国崛起过程中的战略特点和利益取向。分析这一问题，能够凸显新加坡在同一情境中利益取向的差别，以及《联合早报》的倾向（如某些倾中特征）对于中国的意义。

一、现实主义理论的宿命：美国要遏制中国崛起的挑战

一个国家在成长过程中会不会表现出扩张和称霸的行为与倾向？这是国际社会长久以来对中国的疑虑。在研究国内发展与战争的关系时，纳兹勒·舒克瑞（Nazli Choucri）和罗伯特·诺思（Robert C. North）对历史上不少国家（如英国、法国、德国、意大利、俄国和奥匈帝国）进行计量经济学分析的结果显示：国内发展是国家扩张的重要决定因素；国内发展和国家扩张都与军事开支、同盟和国际暴力有关。②

在新现实主义的分析视野中，大国崛起其实就是对“均势”状态的破坏，是对国际体系中的行为体及它们之间的相互关系——结构（包括权利分配）的破坏，作为“过程”的

---

① 秦亚青认为，中国是否可以和平融入，什么条件可以促成中国的和平融入，国际社会负责任的成员对于中国具有什么含义——围绕上升大国和平融入国际社会这一核心问题所产生的这些具体研究问题，应该构成中国国际关系研究议程的重要部分。参见秦亚青．国际关系理论的核心问题与中国学派的生成．中国社会科学，2005（3）：175

② Nazli Choucri and Robert C. North, *Nations in Conflict: National Growth and International Violence*, San Francisco: W. H. Freeman, 1975, pp. 15－17. 转引自［美］詹姆斯·多尔蒂，小罗伯特·普法尔茨格拉夫．争论中的国际关系理论．阎学通，陈寒溪等译．北京：世界知识出版社，2003. 323

崛起历程也难以和平。[①] 也就是说，霸权国家必然要控制新兴大国的崛起和挑战，新兴国家要崛起必然要突破霸权国家的压制。“16 世纪的西班牙、路易十四时期的法国、19 世纪大部分时期的英国以及 20 世纪大部分时期的美国，就属于这样的霸权国家。到头来，最强大的国家会受到挑战而且这种挑战将导致大规模的战争，即我们所说的霸权战争或世界大战。”[②]

在进攻性现实主义的理论视野中，大国被认为存有进犯的预谋。一个大国为了获取权力不但要牺牲他国利益，而且会不惜代价阻止对手获得权力。[③]将这一结论用于分析中国崛起对大国关系，特别是中美关系的影响时，“阻止对手获得权力”的将是现存其他大国（如美国），而“存有进犯的预谋”的自然就是中国了。

秦亚青对霸权国与体系大国和潜在挑战国的关系提出并验证了两个理论假设：在国际武装冲突中，霸权国出于削弱系统次强国力量的需要，比较可能支持次强国的对手或次强国盟友的对手；在由区域主导国家参与的国际武装冲突中，霸权国为了削弱潜在的挑战国的实力，比较可能支持区域主导国家的对手。[④] 在这一结论的指引下，我们可以作这样一个推论：崛起国“极可能”引起大国的强烈不安和抵制，在极端的情形下，可能会因崛起国的挑战而爆发全球层次和地区层次的冲突。

现实主义分析几乎将崛起国与大国之间的冲突看作是必然和不可避免的，其解决手段也倾向于军事化，如阎学通就曾提

---

① 叶江. 试析大国崛起与“安全困境”的关系. 世界经济与政治，2005（2）：39

② ［美］小约瑟夫·奈. 理解国际冲突：理论与历史. 张小明译. 上海：上海世纪出版集团，2002. 17

③ ［美］约翰·米尔斯海默. 大国政治的悲剧. 王义桅，唐小松译. 上海：上海世纪出版集团，2003. 2

④ 秦亚青. 霸权体系与国际冲突：美国在国际武装冲突中的支持行为（1945—1988）. 上海：上海人民出版社，1999. 139 ~ 141

供了这样一条对策：增强中国的军事实力，使美国负担不起以战争方式遏制中国崛起的成本。[①] 但是，中国国力的增长将使得自保行为实际上成为潜在的进攻行为。[②]美国等大国一定会在“负担不起遏制的成本”那天到来之前对中国的经济和军事力量的发展进行遏制与打击。

二、新自由主义合作论的缺陷：实力接近导致放弃共同获益的合作

国际关系的新自由主义学派认为，全球化日益巩固并加深了“相互依赖”的国家间关系状态。[③] 新自由制度主义者认为，相互依赖和国际制度的约束可以使得中国和美国等大国减少对抗和冲突，制度主义为“和平”崛起描绘了理论上的行动纲领。然而，相互依赖和新自由制度主义思想下的合作也存在着诸多引起冲突的因素，如绝对收益和相对收益之争，相互依存也可能引发更多冲突，如中美经贸摩擦；相互依存的敏感性和脆弱性也决定着国家间相互影响的程度和破坏制度的几率。[④]

新自由制度主义关于合作的观点认为国家总是追求本国绝对获益的最大化，并不关心其他国家的获益，其实，由于生存

---

① 阎学通. 和平崛起与保障和平——简论中国崛起的战略与策略. 国际问题研究，2004（3）：14

② ［美］詹姆斯·多尔蒂，小罗伯特·普法尔茨格拉夫. 争论中的国际关系理论. 阎学通，陈寒溪等译. 北京：世界知识出版社，2003. 95

③ ［美］罗伯特·基欧汉，约瑟夫·奈. 权力与相互依赖（第三版）. 门洪华译. 北京：北京大学出版社，2002. 28～29

④ ［美］小约瑟夫·奈. 理解国际冲突：理论与历史. 张小明译. 上海：上海世纪出版集团，2002. 278～280

利益的驱使，各国对相对实力的损失非常敏感。[①]

现实主义对合作的负面看法遭到新自由主义者的有力反驳，他们指出如果国家是盟友关系，那么它们不会关注经济获益中可能利于伙伴的差距。事实上，它们应该会对后者的成功感到欣慰。[②] 不过，无论是基欧汉、新功能主义一体化理论和相互依赖理论，还是有关国内结构和外交政策的著作，基本都认为在20世纪70年代，任何进行过合作的国家都是因为它们压倒性的共同利益，以及它们的政治制度特点——发达的民主国家。[③] 对于中国和西方大国来说，这样的制度同质性不存在。

将“国家寻求相对还是绝对收益”变为“在什么情况下国家为确保相对权利和地位而放弃共同受益的合作”，我们可以得到更清晰的逻辑。[④] 中国和美国（大国）由于十分关注或不能确定相对获益，也许可以实现“不够持久”的安排，以便在获益差距有利于对方时，从合作中退出。只要中国实力上升，接近某个美国可容忍的限度的“节点”时，这样一个不确定的危机时刻总会到来，美国很难把中国的强大和接近看作是盟友的壮大，并因之“感到欣慰”，对相对获益的担忧极可

① ［美］约瑟夫·M. 格里科. 无政府状态和国际合作的限度：对最近自由制度主义的现实主义评论. 新现实主义和新自由主义. 肖欢容译. 杭州：浙江人民出版社，2001. 116 ~ 117，126 ~ 127

② ［美］约瑟夫·M. 格里科. 无政府状态和国际合作的限度：对最近自由制度主义的现实主义评论. 新现实主义和新自由主义. 肖欢容译. 杭州：浙江人民出版社，2001. 132

③ ［美］约瑟夫·M. 格里科. 理解国际合作：新自由制度主义的限度和现实主义理论的未来. 新现实主义和新自由主义. 肖欢容译. 杭州：浙江人民出版社，2001. 306

④ ［美］罗伯特·基欧汉. 国际制度：相互依赖有效吗. 局部全球化世界中的自由主义、权力与治理. 门洪华译. 北京：北京大学出版社，2004. 198

能导致放弃共同受益的合作，并且导致基欧汉所言“决定性权力的转移”。①

因此，相互依存乃至国际制度带来的制约作用是有限的，当崛起国与其他国家间存在着重大的制度和意识形态差异时，国家的崛起所引发的担忧可能突破国际机制的制约和调和限度，并极可能导致践踏制度的情形发生。这种困境可以解释中美经贸摩擦的部分原因，当然还有很多摩擦是由于现实的其他因素导致的，如美国国内利益团体等。

三、建构的困难：同质性缺乏导致美国难以认中为友

建构主义理论对认同和共享的文化观念的强调，为中国的和平崛起和社会化又提供了一条思路。中国崛起所伴随的实力的增长如何能够不为美国等大国惧怕？德国、日本的崛起大体上没有导致“安全困境”的发生，英国、法国、德国彼此之间在军事上也无须相互防范，其道理就在于温特所言：“大部分国家置身其中的重要结构是由观念构成的，不是由物质力量构成的。”②

建构主义强调了国家间的认同对国家利益和对外决策的影响，认为物质的作用，如军事实力，是通过国家间的相互认知状态决定的。它为崛起中的国家与体系内的大国描绘了和谐相处的理想图景和可行之道——改善彼此间的认知、建立集体身份认同。

中美两国关系在冷战后的改善能否说明中美能够建立起高

① ［美］罗伯特·基欧汉．国际制度：相互依赖有效吗．局部全球化世界中的自由主义、权力与治理．门洪华译．北京：北京大学出版社，2004. 198

② ［美］亚历山大·温特．国际政治的社会理论．秦亚青译．上海：上海世纪出版集团，2000. 383

度的集体身份认同呢？在温特所讨论的四种身份（个人或团体、类属、角色和集体）中，类属身份的形成就与“政权类型”（regime types）或“国家形式”（forms of state）相关。[①] 当前中美关系可以看作是洛克无政府文化状态下，大国对异质的、相对弱小国家的容忍而不是真正的集体身份认同。在温特所列举的用来解释处于洛克世界里的国家，施行亲社会的安全政策，推动集体身份形成的四个变量中，[②] 中美之间渐渐形成“相互依存”，可以培养“共同命运”感，甚至可以做到一定程度的“自我约束”，但是中美两国缺乏较为关键的“同质性”。虽然同质性不是形成集体认同的唯一条件，但是同质性的存在有利于集体身份的形成。温特相信康德所言共和制国家会创立“康德文化”，伊斯兰国家、社会主义国家、“亚洲模式”也可以建立康德文化。这里他没有论证不同性质的国家能否共同创造“康德文化”，尤其是没有分析一个非民主国家处于强势和主导的洛克文化能否形成，能否被民主社会接受。在这样设想的文化中，民主社会能否获得类似于目前由民主社会主导的洛克文化中给予弱势国家、非民主国家的生存权，我们不得而知。

以现有的经验观察，除非面对共同的强敌，美国不会与强大的异质国家保持盟友关系，政治体制的差异性仍将阻碍美国和中国之间根本认同的形成。保持友好外交，扩大外宣，向世界宣讲中国不称霸和维护和平的决心，有助于增进认同和共享的观念。不过这些工作的影响力是有限的，它只能在中国处于弱势的时候，对消除国家间不必要的误解有一定效用。当前洛克文化下美国对处于相对弱势的中国主权的尊重，不足以承载

---

① ［美］亚历山大·温特．国际政治的社会理论．秦亚青译．上海：上海世纪出版集团，2000. 284

② ［美］亚历山大·温特．国际政治的社会理论．秦亚青译．上海：上海世纪出版集团，2000. 429 ~ 452

中国实力接近美国时所带来的巨大压力和恐惧。

建构主义为和平崛起提供了路径，但也暗示了必须达到的条件——同质性和认同感——要求安全上不挑战，制度上最好同一，而要做到这一点，难度相当大。要世界和美国真正认同保有“中国特色社会主义”意识形态的中国为朋友，其可能性很小。中美两国在意识形态领域的冲突，在安全领域的疑惧和防范，与建构主义视野中的困境有着密切联系。

四、中国崛起的理论困境与美国对华利益取向

从前述理论分析中，我们可以发现美国的利益取向以及它所采取的对华政策的理论根源。中国崛起后如何与霸权国和平相处存在着理论解释的困境。中国国力强大一直被认为是一种威胁，因为西方霸权国认为中国有可能将它转化为军事实力；中国与霸权国之间的异质性也使得国际合作十分有限；而建构主义所勾画的认同、集体身份等概念则更难以真正形成，阻碍因素仍主要存在于国家间明显的异质性问题上。

无论中国的文化和历史能够提供多少证明中国不扩张、不称霸的证据，对其他大国而言，这一预期的局面——到底会不会称霸，是一个无法百分百证实也无法百分百证伪的命题，这一虚悬的结果必然导致威胁成为一种不易驱遣的感受。日本学者也认为：“问题是，一旦中国崛起之后，比如，进入小康社会以后，它会不会表现出扩张的势头呢？”①

因此，有研究者认为，在政治文明建设方面，中国如果不进行渐进且具有突破意义的改革，中国崛起所面临的困难就无

---

① Yoichi Funabashi, China's "Peaceful Ascendancy", *YaleGlobal*, 19 December 2003, http://yaleglobal.yale.edu/display.article?id=3061

法得到根本解决。[①] 即便崛起，且没有发生冲突，处于冷战状态的消极和平也不能使得中国真正社会化。中国建设起强大的政治文明不能完全保证中国最终和平社会化，但是，缺乏这一条件，中国和平崛起并社会化的道路将面临重大困难。关于中国崛起与政治文明的关系，中国还有一些学者做过相关表述。[②]

总之，正是因为现有理论还不能合理解释中国崛起不构成威胁，或者说关于中国崛起不构成威胁的解释还未被西方接受，加上一些别有用心的国家有意渲染和扩大，所以，国际社会关于“中国威胁”的论调无法平息。它同时也揭示了美国在面对中国崛起时的战略心态和利益取向，遏制中国和打压中国，（某些）经贸摩擦，意识形态领域的斗争成为一种常态，中美关系充满冲突和纷争就不足为怪了。

作为《联合早报》的报道对象，上述关于中美关系的冲突性和中国崛起与霸权国关系的论述表明了新加坡的利益取向及早报报道倾向的价值和意义。由于这些矛盾的存在以及冲突的结构性特征，检测早报报道的特点成为观察境外媒体处理中国敏感问题的技巧的窗口。从本节的理论分析也可以发现，“中国威胁”在西方国际政治思维中并非没有一点儿理论依据，理论困境的存在实际上也为担心“中国威胁”提供了理由。本节所论述的中美关系的理论困境就是新加坡在中美关系中进行利益选择，《联合早报》对中美关系的进行报道的外部环境。

---

① 丁松泉．中国崛起与中美关系．北京：中国社会科学出版社，2005. 209。中央党校教授刘建飞对民主政治建设对改善中美关系的关键作用有相关论述，见刘建飞．中国民主政治建设与中美关系．战略与管理，2003（2）：78～82

② 倪乐雄．“大国崛起与中国的选择”笔谈．中国社会科学，2004（5）：51～63

第二节 中美关系中新加坡的国家利益取向

中国和平社会化的理论与现实困境既是中美关系的困境，也是新加坡面临的大国政治环境下最突出的国际关系课题。《联合早报》所报道的对象就是这一关系全球和地区安全，关系新加坡国家利益的问题。要明晓早报如何以“社会人”的角色，并以国家化的眼界来权衡新加坡国家利益，必须分析中国和平社会化的理论困境和中美关系的冲突对新加坡国家利益的影响。如此，我们就可确定早报在中美关系报道中倾向生成的利益源泉是什么。

对于多数国家而言，以下几项利益是不言而喻的，它们是国家采取对外决策时的主要利益考量。对于新加坡而言，其主要国家利益大致仍可归为国家安全利益、经济利益、意识形态和价值观念利益。

本节将分析新加坡的基本国家利益，并将它放到中美冲突性关系中进行考察，分析新加坡在这一关系中的利益取向，以及它和美国的差别。

一、中美关系与新加坡的安全利益取向

（一）高度敏感的新加坡安全利益

由于“国家利益”一词的概念过于笼统化，像现实主义理论流派分析中所说的那样，国家利益有时显得十分模糊、空洞甚至包罗万象，其结果是决策者们难以准确把握国家利益的真正内涵，无法用国家利益概念进行决策和实用性的分析。因此，西方学术界在此问题上发展到强调国家利益的层次研究上，目的是使国家利益概念更加清晰具体，显示出它们的轻重缓急和位次先后。

1992 年，以美国哈佛大学肯尼迪政治学院为首的多家学

术研究机构联合发起并成立了美国国家利益委员会，宗旨是研究冷战后国际形势下的美国国家利益。1996 年，该委员会完成了一份题为“美国国家利益”的研究报告。报告系统地提出美国国家利益的十个基本概念。其中两点内容是：[1]

（1）国家利益表现为四个等级：根本利益、极端重要利益、重要利益和次要利益。

（2）根本利益强调的是国家生存和延续的基本条件（安全利益）。

虽然不同的国家具有不同的国际战略目标，但安全利益作为首要利益的地位同样适用于美国之外的几乎所有的国家。对新加坡而言，国家安全也是重中之重的问题，对一个像新加坡这样的小国而言，它不可能有什么宏大的外向型安全战略。新加坡的安全利益主要表现在维护这个城市国家的稳定，应对各种可能对新加坡政治和经济秩序带来干扰和危害的因素。由于新加坡的经济主要依靠贸易，其对外贸易是自身 GDP 的三倍，所以，新加坡对于任何可能对经济秩序造成影响的国际冲突都会非常关注。[2]

亚太地区是一个充满经济活力的地区，但是这一地区也潜伏着诸多不稳定因素。中美日关系是牵动全局的关键因素；南北韩之间，南沙群岛问题以及南亚地区都可能因为某些利益争端引发地区冲突。邻国的族群和文化冲突，极端民族主义的躁动，在水资源和天然气供应上严重依赖马来西亚的劣势地位等现实问题，可能是新加坡最为直接的安全隐患；另外，新加坡附近海域日趋猖獗的海盗活动，非法移民潮流，乃至远在印尼的民族冲突都可能动摇东盟地区的安全平衡态势。

---

① 倪世雄等．当代西方国际关系理论．上海：复旦大学出版社，2001. 253 ~ 254

② *Current National Security Situation*, www. fas. org/irp/nic/battilega/singapore. pdf

因此新加坡不仅积极参与东盟的地区安全合作，还与澳大利亚、马来西亚、新西兰以及英国建立了“五国防卫协议”，经常举行联合军事演习。

新加坡采取的国防战略为“全面防卫”（total defense）战略，即在维持一个规模较小的装备精良、训练有素军事队伍的同时，还有一支经过训练的预备役和广泛的国民防卫组织作为后备。①

在安全方面，新加坡对美国的依赖最为严重。新加坡与美国的安全合作关系早在冷战时期就开始了。国土狭小的现实不利条件决定了新加坡在安全上严重依赖域外大国的保护，并从军事上采取进攻性策略。新加坡的主要做法是维持武器的先进性，保持一定的军事威慑力，其安全战略与以色列相似，它需要美国的军备供应以满足其军事上“决战境外”的要求。另外，在维持地区安全、防范地区冲突方面，新加坡也需要美国的军事存在。

冷战后新加坡和美国签订了一系列的军事合作协议，挽留美军继续驻留东南亚和新加坡。新美两国还举行过多次军事演习，在武器采购和军事人员培训方面，新加坡也严重依赖美国。

（二）新加坡在中美冲突中的安全利益取向

1999 年至今的中美关系矛盾和冲突较多，最为突出的表现首推中国使馆被炸和南海撞机事件。其他冲突还表现在美国的导弹防御计划（TMD 和 NMD）、“中国威胁论”、台湾问题等众多涉及中国主权、中国形象、地区安全甚至是全球安全的问题。这些冲突事件，从表面上看是一个个独立而毫无联系的事件，只能表明中美之间一时一事的矛盾、意外和危机，可

---

① *Singapore Total Defense Concept*, http: //www. photius. com/countries/singapore/national_ security/singapore_ national_ security_ total_ defence_ concep ~1585. html

是，将它们放到“中国崛起—美国遏制”的中美关系理论困境中观察，这些冲突不仅具有结构性、长期性的特征，而且还将给有关国际政治参与者带来极大的利益荣损效应。

中国和平社会化的理论困境在现实中的直接表现就是中美关系中的冲突，首先是安全冲突。要考察新加坡在这种关系结构中的利益所在，必须分析新加坡乃至东盟的对美安全战略。

冷战结束后，东盟地区基本不再受到重大的来自大国的安全威胁，但是，它们担心中国、日本和印度可能填补美、苏两个超级大国收缩和撤退后留下的“权力真空”和可能出现的地区动荡。为此，东盟国家不同程度地采取“拉拢”美国的军事安全战略，与美国举行联合军事演习，让美国继续使用其军事设施。[1]

在中美关系问题上，东盟采取的是大国平衡战略，新加坡作为东盟一员，其对中美的战略观念与东盟极为相似。作为一个小国，在面对大国时的战略主要有四种：最常见的是在中国和美国之间两边下注（hedging）；[2] 其次是采取接触（engagement）战略，即采取融合（inclusion）方式试图将一个不太令人满意的对象国社会化，并使之接受现有的国际秩序下的规则和机制；[3] 另外还有平衡战略和搭便车（bandwagoning）战略。

新加坡的平衡战略可以称之为“低烈度”（low intensity）平衡战略。[4] 一方面，它积极支持美国在亚洲的军事存在，并且让美军使用樟宜军事基地，在新加坡看来，美国是最好的安

---

① 陈奕平．依赖与抗争：冷战后东盟国家对美国战略．北京：世界知识出版社，2006. 60

② Shannon Tow，Southeast Asia in the Sino-U. S. Strategic Balance，*Contemporary Southeast Asia*，2004，Vol. 26，No. 3，pp. 434 – 459

③ Denny Roy，Southeast Asia and China：Balancing or Bandwagoning，*Contemporary Southeast Asia*，2005，Vol. 27，No. 2，p. 306

④ Ibid，p. 306

全保护提供者，[①] 它不仅不是敌人，甚至是一个友好的角色，李显龙曾经说：“慷慨的美国政策和美国自‘二战’以来的接触政策，为美国在亚洲赢得了好感和尊重，无论是中国还是日本都不能在这个关键角色上发挥替代作用。”[②] 另一方面，新加坡也积极发展与中国的关系，在众多关乎中国利益的问题上明确支持中国，如宣称“中国不威胁世界和平”、“中国崛起是机遇”等。[③] 先农·陶（Shannon Tow）分析指出，东盟小国虽然一方面与大国积极接触，但是它们总是希望保持最大限度的行动自由，[④] 即不愿意看到任何一个大国在该地区坐大。

中国的外交方针是“与邻为善，以邻为伴”，实行“睦邻、安邻、富邻”的政策，这与新加坡寻求地区稳定，搞好与邻国关系的目标高度吻合。2003 年，中国加入《东南亚友好合作条约》这一带有安全合作性质的东边合作机制，无疑体现了包括新加坡在内的东盟国家在安全上对中国的期待与信任程度的提升。

中国的和平与安宁，维持台海现状，促进台湾问题和平解决都关系到新加坡高度重视的东亚安全问题。在中美关系冲突中，中国是被动挨打的一方，美国是积极主动、势力强大，推行遏制和打压政策的一方，美国对中国的战略有打破地区平衡的危险，因此，新加坡的利益所在是维持大国平衡关系，故而产生与美国不同的对华利益取向。

---

① Amitav Acharya and See Seng Tan. Betwixt Balance and Community-America, ASEAN, and the Security of Southeast Asia. *International Relations of the Asia-Pacific*, 2006, Vol. 6, p. 42

② Shannon Tow, op. cit. p. 441

③ 周兆军. 李显龙中央党校演讲 称中国崛起对世界大有好处. http: //news. sina. com. cn/c/2005 - 10 - 25/18038110913. shtml，李光耀称中国威胁论荒谬无力，http: //news. sina. com. cn/w/2006 - 05 - 25/10019022543s. shtml

④ Shannon Tow, op. cit. p. 437

"9·11"事件后一年，2002年10月，印尼巴厘岛发生大爆炸，反恐问题正式进入东南亚不少国家的议题中。一些外国政府将东南亚地区标注为"不安全"的旅游地。作为东南亚地区经济发达国家，又处于一个伊斯兰文化包围的地理和文化环境中，新加坡对恐怖主义可能带来的威胁十分敏感。新加坡采取了两线出击的战略，即在安全和经济两条战线"全力铲除恐怖主义的基础设施"。一方面，新加坡加强在反恐方面的国际合作；另一方面，新加坡不仅与外国分享情报，还全力阻止和切断恐怖主义组织的资金流。例如，新加坡金融管理机构就出台了新的针对恐怖组织的条规，旨在控制它们运用这些资金从事相关活动。[①] 反恐不仅将新加坡与美国进一步拉近，也为冲突中的中美关系提供了改善的机会，新加坡对此乐见其成，中国的加入不仅扩大了反恐的阵营，中美关系的改善也将促进地区稳定。

总之，在中美安全关系上，新加坡采取的是大国平衡战略，因此，它不认同美国对中国的遏制政策和挑衅行为。虽然它希望促进中国融入国际社会，并受到制度规范的约束，但它并不希望遏制中国的发展，这一点，是它与美国对华战略根本区别所在。新加坡的利益与美国有某些互补的方面，但是绝对不是完全相同或完全相反。新加坡因担忧地区安全影响其国家安全而反对冲突，乐见和平与合作，这就是它在中美安全关系上的基本利益取向。

二、中美关系与新加坡的经济利益取向

（一）贸易立国战略下的新加坡经济利益

新加坡经济发展的成就举世瞩目，由于自20世纪60年代至今的快速经济增长，它早在二十年前就跻身亚洲"四小龙"

① http：//www. mindef. gov. sg/imindef/mindef_ websites/topics/national_ security/strategy. html

之列。尽管政府的主导作用十分显著，但新加坡却拥有一个十分发达、运转成功的市场经济体系。它的商业环境自由、政治清廉、经济透明、物价相对稳定，其人均 GDP 也位居世界前列。

根据遗产基金会（Heritage Foundation）和《华尔街日报》发布的经济自由度指数，新加坡的经济自由度达到 85.7%，位居世界第二位。① 新加坡几乎没有腐败问题，其高度发达的教育也为经济发展提供了高素质的人才，其基础设施先进，办事效率高，吸引了来自美国、欧洲和日本约 7 000 家公司的投资。跨国公司的产出和出口占到总额的 2/3。制造业和服务业是新加坡的经济引擎，分别占到 GDP 的 24% 和 64%。而在制造业方面，电子工业又占整个工业产出的 42%。新政府近年来还大力推动化工业和制药业的发展。②

由于新加坡地狭人稠、资源短缺，因此在自然资源方面严重依赖进口且经济高度依赖贸易。新加坡和中美两国都有着十分密切的经贸关系。新加坡是中国第一大海外劳务市场和第二大工程承包市场，对华贸易和投资均占东盟国家首位。中国已成为新加坡第四大贸易伙伴。双方重要合作项目有苏州工业园区、无锡工业园和大连港集装箱码头等。新加坡与中国山东、四川、湖北、浙江、辽宁等省份分别建有经贸合作机制。③ 在贸易方面，据中国海关统计，2005 年中新贸易额 331.5 亿美元，其中中方出口 166.3 亿美元，进口 165.2 亿美元。截至 2005 年底，新来华投资项目 14 367 个，合同外资金额累计

① http://www.heritage.org/research/features/index/country.cfm?id=Singapore

② http://www.historycentral.com/NationbyNation/Singapore/Economy.html

③ 中华人民共和国外交部网站：http://www.fmprc.gov.cn/chn/wjb/zzjg/yzs/gjlb/1323/

532 亿美元，实际投资金额 277.4 亿美元。以实际使用外资累计金额计，新加坡是中国吸引外资第七大来源地。中方在新投资共 188 个项目，合同投资总额 1.15 亿美元。[①]

从这些数据以及新加坡的国情可以看出中国在新加坡的对外交往中的地位所在，中国是新加坡的市场与投资地，是新加坡维持经济持续稳定发展所不可或缺的重要伙伴。

美国是新加坡最大的出口市场，也是新加坡最大的外来直接投资国。截至 2002 年底，美国在新加坡的投资已达 230 亿美元。[②] 2003 年 5 月，新美两国签署《美国—新加坡自由贸易协定》，将新美两国的贸易关系推向更加广泛和深入的层面。

新美两国各有目的。美国方面的考虑有：①赢得新加坡更好的安全合作立场；②应对地区经济一体化，东亚地区已经出现其他双边自由贸易协定和其他形式的一体化合作；③针对中国的地缘政治考虑。

而新加坡方面的考虑则有：①加速金融危机后的经济复苏，提升国际竞争力；②应对区域内多边贸易自由化进展缓慢的现状；③安全困境的政治经济保障，即通过加强与美国的经济纽带，促使美国进一步为该地区的安全负责。[③]

新加坡的地理位置得天独厚，其港口是世界上最繁忙的港口之一，为该国经济发展进口原材料，加工再出口提供了优越的条件。其经济增长多年来也保持着较高的增长率，1960—1999 年，其平均经济增长率为 8%，2006 年 11 月，新政府宣

---

① 中华人民共和国外交部网站：http：//www. fmprc. gov. cn/chn/wjb/zzjg/yzs/gjlb/1323/default. htm

② 张振江.《美国—新加坡自由贸易协定》及其影响. 东南亚研究，2004（5）：43

③ 陈奕平. 美国与新加坡自由贸易协定的战略意义. 当代亚太，2004（10）：33 ~ 35

布其2006年度的经济增长率可达7.5%～8%。[①] 在经济发展方面，新加坡和瑞士较为相似，两国人口都是数百万，国土面积小，人口密度大，地理位置优越，经济国际化程度高，因此新加坡选择瑞士作为学习和赶超的对象。[②] 无论是从其出口还是通过进口来维持经济运转和生活需要出发，抑或从新加坡经济发展所需要的制度环境来分析，新加坡的经济利益不可避免地密切地与投资环境、自由贸易体制的普及和扩大、重要运输线路的畅通和安全以及地区乃至全球安全联系在一起。因此，推进国际制度建设，促进全球贸易自由化符合新加坡的国家利益。

（二）中美关系中新加坡的经济利益取向

如果说东盟国家在安全上的对华战略为两边下注的平衡战略，那么它在经济上的对华战略则更加强调和重视接触和搭便车。[③]

近30年来，中国社会经历了深刻而广泛的变化，在经济领域的成就尤其引起世界的关注。它已经保持了近三十年的较高速度的经济增长，经济领域的机遇和良好前景是新加坡以及其他不少东盟国家制定对华政策的重要考量依据。只要中国的改革与发展形势不发生大的动荡与变化，中国对于东盟国家而言就意味着机遇，这也是为什么东盟积极推动中国成为对话国，[④] 全力保持中国的稳定与现状，因为这是东盟国家的利益所在。

东盟也是经济一体化发展势头迅猛的地区之一，促进贸易自由化、机制化是东盟国家的愿望。在经济合作领域，东盟也

---

① *Economy of Singapore*，http：//www.answers.com/topic/economy-of-singapore

② 曹云华．亚洲的瑞士．北京：中国对外经济贸易出版社，1997.4

③ Denny Roy，op. cit. p. 306

④ Lee Lai To，The Lion and the Dragon：a view on Singapore-China relations，*Journal of Contemporary China*，2001，Vol. 10，No. 28，p. 415

希望中国能够发挥重要的建设性作用。1997 年，中国在东南亚金融危机中十分成功地树立了负责任的大国形象，在其他经贸和社会事务中，中国的贡献也日趋突出。

2004 年 11 月，中国与东盟签署《中国—东盟全面经济合作框架协议货物贸易协定》，双方市场相互开放，经济依存日益密切，共同的经济利益日渐凸显。令人关注的是，美国对此反应冷淡，这一特殊现象表明美国将中国—东盟贸易协定的达成看作是对美国在该地区利益的威胁。《华盛顿邮报》引用一位研究人员的话称："这一协议表明，一个越来越大胆的中国正在构造联盟，企图削弱，甚至可能挑战美国在亚洲的地位。"① 美国对中国—东盟合作的态度也表明了它与东盟国家对华合作态度的差别。

最近几年，以美国经常项目收支逆差为表现的全球经济失衡空前严重，中国则是全球最大贸易顺差国之一，2005 年贸易顺差 1 019 亿美元，是美方统计的美国最大贸易逆差来源。按美方统计，中国从 2001 年开始成为美国最大贸易逆差来源地，2001—2005 年对华贸易逆差分别为 830 亿美元、1 031 亿美元、1 235 亿美元、1 620 亿美元和 2 016 亿美元，2005 年对华货物贸易逆差占全年货物贸易逆差总额（7 821 亿美元）的 26%。在这种情况下，贸易差额已经成为中美之间经贸摩擦的最大话题之一。②

中美之间的安全冲突会危及地区安全，从而影响新加坡经济发展，而中美经贸摩擦也对新加坡有着十分负面的影响。中美之间的经贸摩擦涉及永久正常贸易地位（PNTR）、中国加入 WTO、贸易逆差和纠纷等。在推动东盟地区自由贸易多边

---

① Amitav Acharya，See Seng Tan，op. cit. p. 51

② 梅新育．中美经贸关系调整中的目标冲突．中国经贸，2006（4）：58

体制的发展方面，新加坡走在前头，[①] 中国融入国际经贸体制将进一步扩大中国—东盟贸易机制的效应。对新加坡而言，中国经济发展的好坏，直接关系到它在中国的投资及新中经贸往来。中国入世对于新加坡这个贸易立国的国家而言，是一个有利的进步与发展。

在中美经贸关系中，中美两国的摩擦将会产生负面后果，制裁、冲突只会导致贸易停滞、自由贸易体制的损害。推动中国加入 WTO，促进中国经济环境的稳定和协调，维护自由贸易体制和谐顺畅运转是新加坡的期待和利益取向所在。

三、中美意识形态冲突中新加坡政府的文化价值取向

在世俗国家中，意识形态利益在国家利益中的相对次要地位已经有较多明证，在新加坡亦是如此。[②]

文化也是一种国家利益，多数国家都会认同某种文化和价值体系，并不遗余力地去维护和推广它。从政治认同上讲，新加坡自 1965 年建国以后，多数新加坡人已经逐步改变了自身原本对中国的政治认同，转为认同新加坡，认为自己是新加坡人。20 世纪 80 年代以后，随着受英语教育人口的增长，新加坡人政治认同急剧变化。

（一）与中国同中有异的文化和价值观

新加坡的华人文化是华人移民从其祖籍地带来的中国文化，经过近 200 年历史的发展演变，它仍然保留了中国传统文

---

① Christopher M. Dent, The New Economic Bilateralism in Southeast Asia: Region-Convergent or Region-Divergent, *International Relations of the Asia-Pacific*, 2006, Vol. 6, p. 81

② 这里所言意识形态的相对次要地位，主要是针对世俗国家而言的。对于一些信奉极端原教旨主义，或者信奉某种特殊价值的国家而言，意识形态利益可能居于国家利益次序中的前列。

化中的主要成分，却与今天中国的社会文化差异甚大。中国经历了1949年中国共产党上台执政至今的五十多年的历史，而新加坡华人则经历了英国的殖民历史和多种族交互影响的现实进程，这使得今天的新加坡文化在尊重多元文化共存的原则下，以华人文化为主导的文化不仅呈现出一些时代特色，而且还显现出与当前中国文化的差别。

新加坡的执政阶层很注重传统文化的保护与延续，在经历了20世纪80年代的西化浪潮之后，1991年1月15日，新加坡国会通过了政府提出的“共同价值观”，[①] 它在确保国家和社会稳定的基础上，给了个人一定程度的民主和自由。在政治参与水平方面，新加坡虽然不如其他发达国家和一些东亚新兴工业化国家，但比许多发展中国家要高得多。

从“共同价值观”的提出和推行来看，这一举措反映了政府在社会生活中的价值主导地位，它试图用自己所偏好和欣赏的价值观去统领国民的思维和行动。

在领导人参与国家价值观建设与整肃的运动中，最著名的要算“亚洲价值观”之争了。上述“共同价值观”的倡议其实就是起源于20世纪70年代的“亚洲价值观”的延续和政治化实践。“亚洲价值观”曾以几种形式面世：其一是被认作是“文化基石”（cultural ballast）；其二是作为亚洲价值和欧洲价值的对抗被使用；其三是该价值认为西方文化具有侵蚀性（polluting），而东方价值则不具备这样的缺点。[②] 其实，所谓“亚洲价值”是本不存在的，这是由亚洲本不是一个文化相对统一的亚洲决定的，亚洲国家“实际上早已在国情、利益和意识形态方面产生分化，乃至在外交、战略上彼此提防，‘亚

① 李路曲. 新加坡“共同价值观”评析. 晋阳学刊，1997（4）：48

② John Clammer, *Singapore: Ideology, Society and Culture*. Singapore: Chopmen Publishers, 1985, p. 22

洲价值’在完成它的历史使命后便渐渐湮没了”。[①]

尽管如此，在新加坡，领导人的精英意识仍然持续不断地渗透到社会生活中，其突出表现就是，领导人常常以个人威权的身份发表一些劝导社会的带有价值倾向的讲话。李光耀因其自身感受到的文化焦虑和冲突，几十年来发表了无数次这样的讲话。关于“亚洲价值观”的批评和争议数不胜数，但不可否定的一个事实是，新加坡虽然是一个英语占主导地位的国家，但其主导价值体系还远远没有西方化。

官方对于华人文化的认同与保护的努力在新加坡并未停止，他们甚至清晰地划分了自身所追求的文化与今天中国大陆文化的差别。2006 年，李光耀在一次面对媒体的谈话中讲道：“每一个新加坡华人都把华族文化当作自己的文化，它不仅是属于中国的，它同样也是属于你（中国人）和我（新加坡华人）的。”他所指的华族文化是传统的中华文化，至于那些在今日中国文化中出现的共产社会理念，比如“三个代表”思想，则是中国的产物，不会为新加坡华族所认同。至于本地马来族和印度族所认同的母族文化，也跟其文化来源国的文化特质有着同样的区分，他强调新加坡人的文化是根植于他们所继承的母族文化的。[②]

李光耀认为，好政府比民主人权重要。[③] 反对党在财政、人员和活动上受到很多限制。因此，新加坡的多党制完全是为了避免落得“独裁”、“集权”的名声而设立的。

尽管新加坡实行的是名义上的“多党制”，但其民主制度却基本延续了英国的议会制度。在政治上实行了民主制度，但

---

① 庄礼伟．亚洲的高度．广州：广东旅游出版社，1999. 386

② 几百年后产生“新加坡文化”：李资政对此感到怀疑．联合早报，2006－09－06。http：//www. zaobao. com/special/newspapers/2006/09/ zaobao060906. html

③ 李光耀 40 年政论选．北京：现代出版社，1996. 563

新加坡的社会生活并不如西方民主社会那样自由。政府任何时候都可以以“关乎国家安全”的理由，拘捕那些被认为可能对社会秩序造成威胁的人。西方国家一直公开批评新加坡这种所谓“好政府”式、家长式的政治威权体制，但是在人民行动党长期执政的现实下，李光耀影响犹在，新加坡政府一直强力捍卫新加坡式的民主制度。

与多数国家一党独大的结果不同，新加坡的政治十分清廉，甚至被当作是世界廉政建设的楷模。虽然新加坡的政治威权体制饱受西方诟病，但是它却以这些可衡量的硬指标有力地回击了来自西方的指控。李光耀曾自豪地说：“廉洁的政治环境，是我国最宝贵的资产。在这样的环境里，掌管政府、主要机关和大学的人，都是一群廉洁、可靠、能干、并且致力于为国人创造一个更加美好前途的人。”① 新加坡经济的各项指标，如贸易自由度、投资自由度、产权保护，乃至清廉指数等方面，都在世界遥遥领先。②

新加坡政府的廉洁反映了在儒家思想复兴运动影响下的社会道德风尚，新加坡政府要求其公职人员以西方的教育求专长，以东方的伦理道德形象来提高整个社会的道德水平和促进本国精神文明的进步与发展。③ 这种做法从某种意义上讲，已经使得新加坡的威权体制、高效的行政效能、廉洁的国际声誉转化为该国生产力的一部分。许多西方国家选择到该国投资，除了看中其独特的地理位置之外，其优越的综合政治文化条件也是一个重要的决定因素。

（二）中美意识形态冲突中新加坡政府的价值取向

虽然意识形态利益在国家利益中的地位相对次要，但是，

① 鲁虎. 列国志：新加坡. 北京：社会科学文献出版社，2004. 81

② http：//www. heritage. org/research/features/index/country. cfm?id = Singapore

③ 曹云华. 新加坡的精神文明. 广州：广东人民出版社，1992. 346

依照本书前述关于中国和平社会化的分析可知，意识形态差异是影响崛起国与霸权国共处的关键因素。中美两国在意识形态领域的冲突涉及人权、民主、宗教等议题，在这些问题上，中国与新加坡一样，与美国的差异很大。虽然新中两国文化上接近，但两国意识形态定位并不相同，政治制度差异也较大，这是由两国根本不同的国情决定的。

以中美人权问题而言，这个问题实际上是两国政治制度对立、国家利益差异、社会发展水平悬殊和文化传统区别重大所导致的结果。[①] 放到中国和平社会化的困境中看待，中美之间之所以难以形成认同，也是由广义意识形态差异所导致的。它使得在安全领域中美国视中国为崛起后的威胁，在经贸机制中，相对获益与绝对获益之争也成为一个问题，在认同、共有文化和集体身份形成方面，中美之间障碍重重。中美在意识形态领域的冲突一方面是差异本身导致的，另一方面，这种冲突也是和平社会化理论困境进一步作用的结果。

新加坡在中美之间该采取何种立场？它是否有需要维护的利益？从美国推行文化霸权，输出西方民主观念来讲，新中两国的反对态度是一致的。但是，新加坡与中国又存在国家治理方式和政治文明发展程度上的显著差异，在意识形态方面，它与中国之间并不存在太多共同的利益追求。[②]

本章小结

本章主要解析了中国崛起与霸权国关系的理论困境，中美关系冲突以及美国和新加坡的利益取向。从某种意义上讲，中国与霸权国关系的困境是中国负面形象中最为突出的“中国

---

① 李云龙．中美关系中的人权问题．北京：新华出版社，1998

② 关于新加坡民主和价值观研究，可参阅吕元礼．亚洲价值观：新加坡政治的诠释．南昌：江西人民出版社，2002

威胁”的现实来源。明晰美国对华利益取向的理论与现实依据，才能凸显新加坡利益取向的差异。

另外，本章还分析并提炼出新加坡在中美关系中的利益取向（倾向生成机制中的自变量），这是早报报道据以采取相应立场的指针。中美关系困境的影响是深远的，新加坡在参与国际关系中如何考量这一困局，对中国有着重要的意义和研究价值。

新加坡在中美安全关系上反对美国遏制中国的战略，在经济上反对美国挑起争端，妨碍自由贸易发展的举措；在文化和意识形态方面，新加坡与美国差异巨大，并且对西方价值观持反对态度，但它也不认同中国的意识形态。在对待中国崛起的重大战略问题上，新加坡与美国有着不同的战略考虑和利益诉求，这是新加坡媒体倾向性生成机制的利益驱动力。关于新美利益取向差异，请参阅下表。

至此，本书还只是从理论上建立起新加坡媒体国际报道倾向生成的机制，并提炼出了新加坡在中美关系中的利益取向，要验证这一机制是否成立，还必须将《联合早报》中美关系报道的倾向与新加坡利益取向进行对比分析。下一章将介绍依据内容分析得出的中美关系报道统计结果，从这个结果中，可以看到早报的倾向性分布形态。

中美关系中美国和新加坡利益取向差异

	美国的取向/做法	新加坡的取向/做法
安全关系	遏制中国崛起，防范中国挑战，渲染“中国威胁”	不主张遏制中国，不赞同“中国威胁论”，防范中美冲突对地区安全的影响
经贸关系	一方面希望合作，另一方面受国内因素影响，挑起争端，曾阻挠中国加入 WTO	积极扩大新中经贸合作，推动中国加入国际经贸体制，推动自由贸易发展
意识形态	中美意识形态差异巨大，冲突较多	新加坡与美国有意识形态差异，但也不认同中国的意识形态现状

第三章

《联合早报》中美关系报道倾向的实证确认

促进海外华文传媒正面报道中国的着力点何在？探索威权国家媒体国际报道倾向生成机制，必须选取有代表性的媒体进行实证研究，探索路径所在。

《联合早报》是否真的如读者感觉的那样“倾中”？它的具体倾向性分布形态呈何种样式？

在第一章和第二章，本书已经建立起新加坡媒体国际报道倾向生成机制，并且已经提炼出新加坡在中美关系中的三类利益取向，本章将介绍依据内容分析法统计的有关早报中美关系报道的结果，从而为下一章进行主题检验做好准备。统计结果在本章中分两节加以介绍。内容分析的方法、步骤收录在本书附录中。

关于《联合早报》的报道倾向，中国读者中有不少人认为它有较明显的倾向中国的特点，早报是否在所有的问题上都倾向中国呢？早报在中美关系这一关系全球和地区安全的大问题上倾向哪一方呢？原因何在？

本书统计部分的主要操作变量有报道主题、作者（来源）、中美关系状态（简称“状态”）和倾向与立场（简称“倾向”）。[①] 依据本书研究目的和统计的变量，现就新闻报道和评论部分提出以下研究问题：

（1）在哪一类主题上，《联合早报》所反映的中美关系合作性和冲突性比例最大？

统计这一主题是为了找出中美关系中的代表性主题作进一步分析之用。

（2）在各种不同的中美关系状态中，早报的倾向性有什么不同？

从这里可以看出早报在哪一类关系状态下倾向中国的程度较高，假如它在冲突关系中尤其倾中，意义更加重大。

（3）在不同的主题上，早报的倾向有什么不同？

由于前面已经统计出哪些主题冲突性强，这里可以再次观察早报在这些主题上的倾向性，即观察早报在冲突问题上倾向中国的程度。

（4）不同的作者（或文章来源）的倾向有什么不同？

这项统计可以更加细致地观察特定作者群体或稿源的倾向，为进一步分析特定作者或稿源在特定主题上的倾向性作准备。

提出这些研究问题，是为了有针对性地对数据进行统计。

① 关于这些操作变量的定义，在附录的内容分析介绍中有详细说明。

《联合早报》倾中似乎是人们的惯常认识，因为新加坡是一个以华人为主的国家，它有着“亚洲价值观”、“儒家思想”等价值观的影响和作用，这些特征很容易让人产生早报倾中原因的猜想和认定。早报也许的确是倾中的，但是，早报倾中有什么更细化的特征，比如，它的新闻与评论相比，哪个倾向性更明显？早报记者的稿件总是倾中的吗？关于中美关系的主题有些反映了中美两国的积极、合作和友好状态，有些则反映了冲突、消极与敌对状态，在这两类问题上，早报倾向有什么差别吗？在早报报道中，哪些主题是中美冲突最为集中的主题呢？

在不做统计的情况下，仅仅依靠阅读也可以得出早报是否倾中的一般印象，但这种印象是直观的、感性的，无法归纳出更多有价值的结论。带有一定学术意义的问题，如：早报的倾中报道具有什么特点和影响？有什么技巧和规律？这样的技巧和策略有什么好处和影响？最重要的是，早报倾中的根本原因是什么？前述关于新加坡媒体国际报道倾向生成机制是否成立？要回答这些问题，检测本书倾向生成机制，不进行内容分析和统计是根本不行的。

我们不妨依据早报倾中这一普遍的感性认识，来提出更多测试性问题，并通过寻找这些问题的答案来看看有多少感性认识是符合实际的，还有多少特征是“超验”的。

问题：(A 是关于新闻部分的问题，B 是关于评论部分的问题)

问题 1A：《联合早报》新闻报道总体上倾向中国的程度明显高于美国吗？

问题 2A：在反映中美冲突的报道方面，早报新闻报道明显倾向中国吗？

问题 3A：在关于中美冲突程度高的主题的报道中，早报新闻报道明显倾向中国吗？

问题 4A：《联合早报》记者采访报道倾向中国的程度高于美国吗？

问题 5A：在关于中美冲突程度高的主题的报道中，早报记者采访稿明显倾向中国吗？

问题1B：《联合早报》评论总体上倾向中国的程度明显高于美国吗？

问题2B：在反映中美冲突的报道方面，早报所有评论明显倾向中国吗？

问题3B：在关于中美冲突程度高的主题的评论中，早报所有评论明显倾向中国吗？

问题4B：《联合早报》记者编辑所写评论倾向中国的程度高于美国吗？

问题5B：在关于中美冲突程度高的主题的评论中，早报记者评论明显倾向中国吗？

第一节　新闻报道部分的统计和发现

本章报告依据内容分析法并运用EXCEL表格对统计数据进行了汇总，总结出一般规律，供进一步解释和分析使用。

本书共分析了从1999年5月8日至2006年12月15日期间，中美关系新闻报道文章466篇。若按照一级主题划分，政治、安全及军事等大类文章为372篇，中美经贸关系类文章69篇，宗教问题、民主人权等意识形态类文章有19篇，社会事务类文章有6篇。若按照二级标题分类，一般中美关系（74篇）、重大安全冲突（71篇）、其他安全和军事关系（86篇）、台湾问题（81篇）和中美经贸关系（73篇）类文章数量最多。

在作者背景和新闻来源方面，《联合早报》记者署名文章数量为101篇；转发中国大陆媒体（含通讯社）的文章13篇；转发美国媒体文章20篇；欧洲媒体（主要是路透社和法新社）文章133篇；早报记者依据他国和地区的电讯编写的稿件数量为195篇。

在中美关系状态方面，反映中美关系积极、乐观或合作状态的文章有126篇；消极、悲观或冲突状态的有276篇；客观、中性或关系不易确定状态的有64篇。

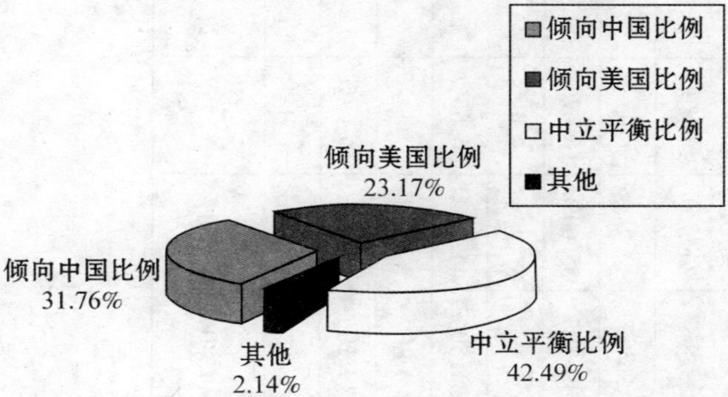

图3－1 《联合早报》新闻报道总体倾向比例图

如图3－1所示，在早报新闻报道的总体倾向性方面，倾向中国的文章有148篇（31.76%）；倾向美国的文章有108篇（23.17%）；平衡、中立或中性的文章有198篇（42.49%）；单纯负面报道中国的文章有6篇（1.29%）；单纯负面报道美国的文章有4篇（0.85%）。总体倾向差异度为8.15%，即早报新闻报道部分倾向中国的程度超过倾向美国的程度为8.15%。[①] 仅就新闻部分而言，早报的中美关系报道是较为平衡的。因此，问题1A“《联合早报》新闻报道总体上倾向中国的程度明显高于美国吗”，没有得到显著支持。

一、在哪一类主题上，《联合早报》所反映的中美关系合作性和冲突性比例最大

这个问题可以通过统计主题与状态两个变量之间的数量关系来回答。

---

① （总体）倾向差异度＝倾向中国的比例－倾向美国的比例－负面评论中国的比例＋负面评论美国的比例，后续有关倾向中美差异度的计算方法与此相同。

表3－1　（新闻）主题与中美关系状态对照表

主题 状态	一般中美关系	重大冲突问题	安全军事关系	台湾问题	间谍活动	人权民主等	经贸关系	美国海外战争	西藏问题	其他
状态1篇数	41	9	20	7	1	2	36	5	1	4
状态1	55.40%	12.70%	23.30%	8.60%	2.50%	12.50%	49.30%	55.60%	16.67%	44.44%
状态2篇数	18	60	54	63	34	14	23	4	4	2
状态2	24.30%	84.50%	62.80%	77.80%	82.90%	87.50%	31.50%	44.40%	66.66%	22.22%
状态3篇数	15	2	12	11	6	0	14	0	1	3
状态3	20.30%	2.80%	13.90%	13.60%	14.60%	0.00%	19.20%	0.00%	16.67%	33.33%
总篇数466	74	71	86	81	41	16	73	9	6	9
状态1与状态2差异度	31.10%	－71.80%	－39.50%	－69.20%	－80.40%	－75.00%	17.80%	11.20%	－50.00%	22.22%

注：状态1：积极、乐观或合作状态

状态2：消极、悲观或冲突状态

状态3：客观、中性或关系不易确定状态

状态1与状态2的差异度显示了早报新闻在不同主题上两种关系状态的差异度，其计算方式为状态1减去状态2的差额。正数表明了在特定主题上，早报新闻反映中美关系积极合作状态的程度，负数则显示了在特定主题上，早报新闻反映消极冲突状态的程度。

在《联合早报》新闻报道中，中美两国在一般中美关系上和经贸问题上积极合作性状态的新闻比例较高，其相对于负面冲突性新闻的比例差异度分别为31.10%和17.80%；在多数主题上，中美关系都表现出负面和冲突性。在重大冲突问题、台湾问题、间谍活动、人权和民主等问题上，中美关系冲突性新闻比例最突出。美国海外战争、反恐等问题的报道较少，中美两国的合作状态较多，但冲突状态也较高，呈两极分化状态。安全和军事关系上负面新闻的比例也比较高，西藏问题文章数量太少，暂且不论。

归纳：较多反映中美关系积极合作状态的新闻主题有一般中美关系、经贸问题；较多反映消极冲突状态的新闻主题有重大冲突问题、安全军事关系、台湾问题、间谍活动和人权民主问题。这些主题成为后面解释部分应该加以特别关注的主题，因为越是在冲突问题上的倾向，越是能够体现早报的立场，其对于中国的意义也更特殊。

二、在各种不同的中美关系状态中，早报新闻的倾向性有什么不同

这个问题可以通过统计状态与倾向之间的数量关系来回答。

表3-2　（新闻）中美关系状态与倾向性对照表

状态＼倾向	倾向中国	比例	倾向美国	比例	中立或中性	比例	负面报道中国	比例	负面报道美国	比例	总数466	倾向中美差异度
状态1	34	26.98%	15	11.90%	75	59.52%	1	0.79%	1	0.79%	126	15.08%
状态2	105	38.04%	85	30.80%	83	30.07%	2	0.72%	1	0.36%	276	6.70%
状态3	9	14.06%	8	12.50%	42	65.62%	3	4.68%	2	3.12%	64	0.00%

从表3-2中可以看出，在中美积极、乐观或合作状态的报道中，倾向中国的报道比例（26.98%）比倾向美国的报道比例（11.90%）要高，差异度为15.08%；[①] 而在中美关系的负面、悲观或冲突状态的报道中，倾向中国或美国的比例差额不大（6.70%），早报在对该状态的报道倾向性较为均衡。在积极关系状态和中美关系状态不易确定的情况下，中立、平衡的报道比例最高，分别为59.52%和65.62%，而后者的中美倾向差异为0.00%。由此可见，问题2A“在反映中美冲突的报道方面，早报新闻报道明显倾向中国吗”，没有得到肯定。

① 倾向中美差异度计算方法为：倾向中国% －倾向美国% －负面报道中国% ＋负面报道美国%。

归纳：早报新闻报道部分在中美关系积极合作状态类新闻上相对倾向中国，但倾向程度不高。不过，在其他两种状态下，倾向中国的程度不显著。从这个意义上判断，早报中美关系报道的新闻部分仍可算是相对较为平衡的报道。

三、在不同的主题上，早报的倾向有什么不同

这个问题可以通过统计主题与倾向之间的数量关系来回答。

表 3－3 （新闻）中美关系主题与倾向性对照表

主题 / 倾向	一般中美关系	重大冲突问题	安全军事关系	台湾问题	间谍活动	人权民主等	经贸关系	美国海外战争	西藏问题	其他
倾向中国	17	35	24	23	13	8	20	5	1	2
比例	22.97%	49.30%	27.91%	28.40%	31.71%	50.00%	27.40%	55.55%	16.66%	22.22%
倾向美国	13	15	20	26	16	3	11	0	1	3
比例	17.57%	21.13%	23.25%	32.10%	39.02%	18.75%	15.07%	0.00%	16.66%	33.33%
中立中性	43	21	41	31	9	4	42	4	2	3
比例	58.11%	29.57%	47.67%	38.27%	21.95%	25.00%	57.53%	44.44%	33.33%	33.33%

（续上表）

主题 倾向	一般中美关系	重大冲突问题	安全军事关系	台湾问题	间谍活动	人权民主等	经贸关系	美国海外战争	西藏问题	其他
负面报道中国	1	0	1	0	0	1	0	0	2	1
比例	1.35%	0.00%	1.16%	0.00%	0.00%	6.25%	0.00%	0.00%	33.33%	11.11%
负面报道美国	0	0	0	1	3	0	0	0	0	0
比例	0.00%	0.00%	0.00%	1.23%	7.32%	0.00%	0.00%	0.00%	0.00%	0.00%
总数 466	74	71	86	81	41	16	73	9	6	9
倾向中美的差异度	4.05%	28.17%	3.50%	-2.47%	0.01%	25.00%	12.33%	55.55%	-33.33%	-22.22%

在重大冲突问题和人权民主问题上，早报表现出较大的偏向中国的倾向差异度，分别为 28.17% 和 25.00%。在一般中美关系、安全军事关系上和台湾问题上，早报的报道几乎是完全平衡的，差异度分别为 4.05%、3.50% 和 -2.47%。在一般中美关系问题和经贸关系问题上，早报的客观、中立的报道比例最高，分别达到 58.11% 和 57.33%。西藏问题因报道篇数太少，故不作分析。

在中美关系冲突性较强的重大冲突问题、安全军事关系、台湾问题、间谍问题和人权民主问题上，早报新闻报道部分在重大冲突和人权民主问题上表现出对中国较为突出的倾向性，差异度分别为 28.17% 和 25.00%，在其他三个冲突程度高的主题上，早报的报道接近于平衡报道。因此，仅仅从主题的倾向性来判断早报的新闻报道部分的倾向性难以找出令人满意的结论。因此，问题 3A “在关于中美冲突程度高的主题的报道中，早报新闻报道明显倾向中国吗”，部分得到肯定。

四、不同的作者（或文章来源）的倾向有什么不同

这个问题可以通过统计新闻来源与倾向之间的数量关系来回答，见表 3-4。

表 3－4　（新闻）作者背景和文章来源与倾向性对照表

作者来源 / 倾向	联合早报记者采写稿	中国大陆媒体	中国大陆电讯编写稿	美国媒体	美国电讯编写稿	欧洲媒体	香港电讯编写稿	台湾电讯编写稿	其他
倾向中国	48	11	36	2	14	24	6	0	7
比例	47.52%	84.62%	49.32%	10.00%	18.42%	18.05%	27.27%	0.00%	53.84%
倾向美国	16	0	3	7	28	44	5	5	0
比例	16.00%	0.00%	4.11%	35.00%	36.36%	33.08%	22.72%	33.33%	0.00%
中立中性	34	1	32	9	34	64	11	9	6
比例	33.66%	7.69%	43.84%	45.00%	44.74%	48.12%	50.00%	60.00%	46.15%
负面报道中国	2	1	1	1	1	0	0	0	0
比例	1.98%	7.69%	1.37%	5.00%	1.32%	0.00%	0.00%	0.00%	0.00%
负面报道美国	0	0	1	1	0	1	0	1	0
比例	0.00%	0.00%	1.37%	5.00%	0.00%	0.75%	0.00%	6.67%	0.00%
总数 466	100	13	73	20	77	133	22	15	13
倾向中国与倾向美国的差异度	30.00%	76.93%	45.21%	－25.00%	－19.26%	－14.28%	4.55%	－26.66%	53.84%

从早报的作者和文章来源看，该报中美关系新闻报道的稿源主要来自《联合早报》记者编辑写稿、转载欧洲媒体文章和依据中国大陆、欧洲国家、中国香港以及台湾的媒体和通讯社稿件进一步编写的稿件，其中依据外电编写稿件的数量达到195篇。早报自身记者编辑采访写作的稿件（101篇）只占据全部报道（466篇）的21.67%。

以对两国的倾向差异度衡量，对中国倾向性最高的是转载的中国大陆媒体的文章（76.93%），其他对中国倾向性较高的是中国大陆电讯编写稿（45.21%）和《联合早报》记者编辑采访稿（30.00%）。对美国倾向性最高的是美国媒体和台湾电讯编写稿（分别为-25.00%和-26.66%）。转载欧洲媒体和依据美国电讯编写的稿件对美国的倾向性较为接近（分别为-14.28%和-19.26%）。早报记者采访稿的中美倾向差异度为30.00%，所以问题4A“《联合早报》记者采访报道倾向中国的程度高于美国吗”，得到肯定。

五、主要主题和主要来源的倾向对照

由于本书统计的早报新闻报道主题多达14个，新闻作者和来源有15种之多，显然对这么多组关系进行一一统计过于烦琐，且很多主题文章数量少，某些作者来源的稿量也很少，因此必须有取舍地分析这些组对关系。具体组对和筛选的方法如下：

在主题的选择方面，笔者选取出“重大冲突问题、安全军事关系、台湾问题、间谍活动和人权民主问题”五个反映中美关系冲突性的问题，以及一般中美关系和经贸问题这两个稿件量较多的主题，共计七个主题。

在作者和来源选择方面，主要依据发稿数量来选择了如下七个：早报记者编辑、中国大陆电讯编写、美国电讯编写、台湾电讯编写稿（这四个都属于早报记者采访稿件或者编写稿件）、中国大陆媒体、美国媒体和欧洲媒体（早报转发了这三家媒体的稿件，且稿量较多）。

表 3－5　（新闻）主要新闻来源与主要主题的对照表

主要主题 主要新闻来源	一般中美关系	重大冲突问题	安全军事关系	台湾问题	间谍问题	人权民主问题	经贸关系
早报记者编辑	27	19	15	19	2	3	12
编写中国大陆电讯	1	8	18	11	6	7	11
编写美国电讯	13	11	13	15	6	1	17
编写台湾电讯	1	0	4	10	0	0	0
中国大陆媒体	0	4	3	0	2	0	2
美国媒体	4	1	2	7	2	0	2
欧洲媒体	12	22	27	15	18	4	26

依据主要新闻来源与主要主题的对照关系，从表 3－5 可以进一步筛选出几个组对关系来进行倾向性检查。依据每一个主题下不同新闻来源的稿件量，且每个主题保留 3～4 个新闻来源的原则，可筛选出以下几对关系：

一般中美关系（3）：早报记者编辑、编写美国电讯、欧洲媒体。

重大冲突问题（4）：早报记者编辑、编写中国大陆电讯、编写美国电讯、欧洲媒体。

安全军事关系（4）：早报记者编辑、编写中国大陆电讯、编写美国电讯、欧洲媒体。

台湾问题（5）：早报记者编辑、编写中国大陆电讯、编写美国电讯、编写台湾电讯、欧洲媒体。

间谍问题（4）：早报记者编辑、编写中国大陆电讯、编写美国电讯、欧洲媒体。

人权民主问题（3）：早报记者编辑、编写中国大陆电讯、欧洲媒体。

经贸关系（4）：早报记者编辑、编写中国大陆电讯、编写美国电讯、欧洲媒体。

依据这些关系可制作表 3－6。

表 3－6 （新闻）主要主题、主要新闻来源与倾向性对照表

主题、新闻来源 \ 倾向	倾向中国	倾向美国	客观中立	负面报道中国	负面报道美国	中美倾向差异度
一般中美关系：早报记者（27 篇）	7（25.94%）	6（22.22%）	14（51.85%）	0	0	3.72%
一般中美关系：编写美国电讯（13 篇）	4（30.77%）	2（15.38%）	6（46.15%）	1（7.69%）	0	7.69%
一般中美关系：欧洲媒体（12 篇）	0	3（25.00%）	9（75.00%）	0	0	－25.00%
重大冲突问题：早报记者（19 篇）	16（84.21%）	2（10.53%）	1（5.26%）	0	0	73.68%
重大冲突问题：编写中国大陆电讯（8 篇）	6（75.00%）	0	2（25.00%）	0	0	50.00%
重大冲突问题：编写美国电讯（11 篇）	2（18.18%）	4（36.36%）	5（45.46%）	0	0	－18.18%
重大冲突问题：欧洲媒体（22 篇）	5（22.73%）	9（40.91%）	8（36.36%）	0	0	－18.18%

（续上表）

倾向 主题、新闻来源	倾向中国	倾向美国	客观中立	负面报道中国	负面报道美国	中美倾向差异度
安全军事关系：早报记者（15篇）	8（50.00%）	3（20.00%）	4（25.00%）	0	0	30.00%
安全军事关系：编写中国大陆电讯（18篇）	8（44.44%）	0	9（50.00%）	1（5.56%）	0	38.88%
安全军事关系：编写美国电讯（13篇）	0	7（53.84%）	6（50.00%）	0	0	-54.00%
安全军事关系：转载欧洲媒体（27篇）	5（18.52%）	6（22.22%）	16（59.26%）	0	0	-3.70%
台湾问题：早报记者（19篇）	12（63.16%）	2（10.53%）	5（26.31%）	0	0	52.63%
台湾问题：编写中国大陆电讯（11篇）	6（54.55%）	0	5（45.45%）	0	0	54.55%
台湾问题：编写美国电讯（15篇）	1（6.67%）	10（66.67%）	4（26.66%）	0	0	-60.00%

（续上表）

倾向 主题、新闻来源	倾向中国	倾向美国	客观中立	负面报道中国	负面报道美国	中美倾向差异度
台湾问题：编写台湾电讯（10篇）	0	3（30.00%）	6（60.00%）	0	1（10.00%）	-20.00%
台湾问题：欧洲媒体（15篇）	3（20.00%）	6（40.00%）	6（40.00%）	0	0	-20.00%
间谍问题：早报记者（2篇）	1（50.00%）	1（50.00%）	0	0	0	0.00%
间谍问题：编写中国大陆电讯（6篇）	2（33.33%）	0	3（50.00%）	0	1（16.67%）	50.00%
间谍问题：编写美国电讯（6篇）	2（33.33%）	3（50.00%）	1（16.67%）	0	0	-16.67%
间谍问题：欧洲媒体（18篇）	5（27.78%）	9（50.00%）	3（16.67%）	0	1（5.55%）	-16.67%
人权民主：早报记者（3篇）	2（66.67%）	0	0	1（33.33%）	0	33.33%

（续上表）

倾向 主题、新闻来源	倾向中国	倾向美国	客观中立	负面报道中国	负面报道美国	中美倾向差异度
人权民主：编写中国大陆电讯（7篇）	5（71.43%）	1（14.28%）	1（14.28%）	0	0	57.15%
人权民主：欧洲媒体（4篇）	1（25.00%）	2（50.00%）	1（25.00%）	0	0	-25.00%
人权民主：转载欧洲媒体（26篇）	3（11.54%）	6（23.08%）	17（65.38%）	0	0	11.54%
经贸关系：早报记者（12篇）	1（8.33%）	2（16.67%）	9（75.00%）	0	0	-8.33%
经贸关系：编写中国大陆电讯（11篇）	5（45.45%）	1（9.09%）	5（45.45%）	0	0	36.36%
经贸关系：编写美国电讯（17篇）	5（29.41%）	2（11.76%）	10（58.82%）	0	0	17.65%

依据表3-6可以进一步制作表3-7。

表 3－7 （新闻）主要主题和主要来源的倾向差异度对照表（汇总）

主要主题／主要新闻来源	一般中美关系（4.05%）	重大冲突问题（28.17%）	安全军事关系（3.50%）	台湾问题（－2.47%）	间谍问题（0.00%）	人权民主问题（25.00%）	经贸关系（12.33%）
早报记者（28.71%）	27（3.72%）	19（73.68%）	15（30.00%）	19（52.63%）	2（0.00%）	3（33.33%）	12（－8.33%）
编写中国大陆电讯（45.21%）	1	8（50.00%）	18（38.88%）	11（54.55%）	6（50.00%）	7（57.15%）	11（36.36%）
编写美国电讯（－18.03%）	13（7.69%）	11（－18.18%）	13（－53.84%）	15（－60.00%）	6（－16.67%）	1	17（17.65%）
编写台湾电讯（－26.66%）	1	0	4	10（－20.00%）	0	0	0
中国大陆媒体（76.93%）	0	4	3	0	2	0	2
美国媒体（－25.00%）	4	1	2	7	2	0	2
欧洲媒体（－14.28%）	12（－25.00%）	22（－18.18%）	27（－3.70%）	15（－20.00%）	18（－16.67%）	4（－25.00%）	26（11.54%）

注：①最上一行每个主题后括弧内的百分比为早报在该主题上的总体倾向差异度；②最左一列每个新闻来源后括弧内的百分比为该来源在所有主题上的总体倾向差异度；③主题和来源交叉的空格内的百分比为该主题、该来源的中美倾向差异度。

通过表3-7的三种倾向差异度的同时显现和对比，每个主题的总体倾向差异度可以通过不同新闻来源在该主题上不同的倾向差异度来解释；每个新闻来源的总体倾向差异度可以通过该来源在不同的主题上不同的倾向差异度来解释了。另外，我们还可以通过这个表来更细致地观察主要主题的主要新闻来源的倾向差异度，或反过来讲，主要新闻来源在主要主题上的倾向差异度也可以很容易地了解到。依据以上统计，现就早报新闻报道部分的特点进行总结：

（1）一般中美关系：在该问题上，早报的总体倾向差异度为4.05%，即轻微倾向中国，接近平衡报道。从该主题的新闻来源分布可以得知，由于其采用的欧洲媒体文章在该主题上倾向美国的程度（-25.00%）较高，故早报的总体倾向差异度小。

（2）重大冲突事件：在该主题上，早报的总体倾向差异度为28.17%，但早报记者本身在该问题上的倾向差异度高达73.68%。这一倾向差异度是被美国电讯编写稿和转载欧洲媒体文章二者倾向美国的数据削弱的。不过，了解早报记者编辑稿件在该问题上高度倾向中国是有意义的。

（3）安全军事关系：在该主题上，早报的总体倾向差异度为3.50%，即接近平衡报道。但是，早报记者和编辑采访稿的倾向差异度为30.00%（倾向中国），总体倾向差异度小于平衡报道的事实是因为它编写了较多美国电讯（倾向差异度为-53.84%）。

（4）台湾问题：早报总体倾向差异度为-2.47%，即接近平衡报道。值得注意的是，早报记者编辑在该问题上倾向差异度很高（52.63%），即非常倾向中国。在该问题上的平衡报道的形成是因为它编写的美国电讯和转载的欧洲媒体文章倾向美国程度较高，倾向差异度分别为-60.00%和-20.00%。

（5）间谍问题：早报的总体倾向差异度为0.00%，即完全平衡报道，而且早报记者编辑采访稿也是平衡报道。在编写和转载文章方面，编写中国大陆电讯、美国电讯和转载欧洲媒体文章形成了平衡。

（6）人权民主问题：早报总体倾向差异度为25.00%，早报记者编辑的采访稿件倾向差异度为33.33%，高于总体倾向差异度。转载的欧洲媒体文章（倾向差异度为-25.00%）对早报记者采访稿和编写的中国大陆电讯稿的倾向度构成了削弱作用。

（7）经贸关系：倾向不明显，平衡报道。编写的中国大陆电讯稿、美国电讯稿和转载的欧洲媒体文章相对较为倾向中国。

从早报记者在各个主题上的倾向差异度看，早报记者采访报道在重大冲突事件上最为倾向中国。在台湾问题、安全军事关系上也较为倾向中国，在一般中美关系、间谍问题上和经贸关系问题上报道较为平衡或轻度倾向美国。因此，问题5A“在关于中美冲突程度高的主题的报道中，早报记者采访稿明显倾向中国吗”，部分得到肯定。

第二节 评论部分的统计和发现

笔者下载《联合早报》中美关系报道和评论的最后时间为2006年12月中旬，收集到该报自1999年5月10日至2006年9月18日评论（含社论）文章共计530篇，其中，署名评论文章494篇，社论36篇。

从作者分布情况看，发稿量较大的有《联合早报》记者、编辑和退休工作人员（85篇），欧洲作者（44篇），中国大陆作者（104篇），在美国的华侨华人和非华裔作者（171篇），香港作者（74篇），台湾作者（26篇），早报所在地新加坡作者发稿量不大，为15篇。

从中美关系状态看，在530篇文章中，关于中美关系积极、合作和乐观状态的文章有170篇，占总数的32.08%，关于消极、冲突和悲观状态的文章有229篇，占总数的43.20%，状态不明确的文章有131篇，占总数的24.72%。

从倾向性看，倾向中国的文章有239篇，占总数的45.09%；倾向美国的文章只有55篇，占总数的10.38%；客观、中立和中性的文章有220篇，占总数的41.51%；单纯负面评论中国的有11篇；单纯负面评论美国的有5篇。评论的总体倾向差异度为33.58%。[①]《联合早报》评论总体上倾向中国的程度高于美国，问题1B“《联合早报》评论总体上倾向中国的程度明显高于美国吗”，得到肯定（见图3－2）。

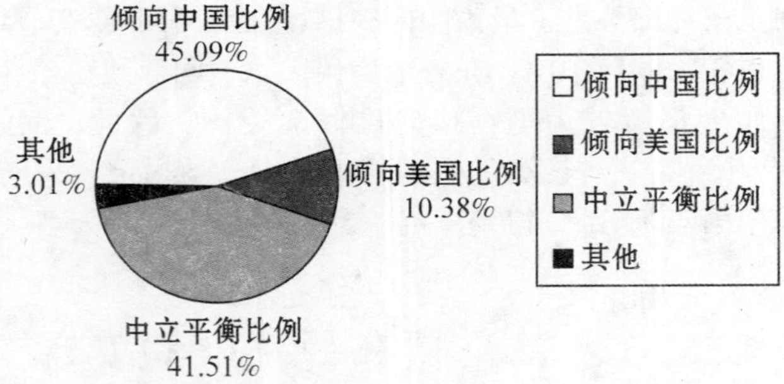

图3－2　《联合早报》评论倾向比例图

一、在哪一类主题上，《联合早报》评论所反映的中美关系合作性和冲突性比例最大

这个问题可以通过统计主题与状态两个变量之间的数量关系来回答。

---

① （总体）倾向差异度＝倾向中国的比例－倾向美国的比例－负面评论中国的比例＋负面评论美国的比例。或者用一个变化的公式，总体倾向差异度＝（倾向中国的篇数－倾向美国的篇数－负面评论中国的篇数＋负面评论美国的篇数）÷（总）篇数（530）。

表3-8 （评论）主题与中美关系状态对照表

主题 / 状态	一般中美关系	重大冲突事件	安全军事关系	台湾问题	间谍活动	民主人权问题	中美经贸关系	美国海外战争	社会事务
状态1	103	2	10	15	0	0	25	13	2
比例	39.92%	4.65%	17.24%	18.52%	0.00%	0.00%	55.56%	72.22%	50.00%
状态2	91	39	40	32	9	6	10	2	0
比例	35.27%	90.70%	68.97%	39.51%	69.23%	60.00%	22.22%	11.11%	0.00%
状态3	64	2	8	34	4	4	10	3	2
比例	24.81%	4.65%	13.79%	41.97%	30.77%	40.00%	22.22%	16.67%	50.00%
总数530	258	43	58	81	13	10	45	18	4
状态1与状态2差异度	4.65%	-86.05%	-51.73%	-20.99%	-69.23%	-60.00%	33.34%	61.11%	50.00%

注：状态1：积极、乐观或合作状态

状态2：消极、悲观或冲突状态

状态3：客观、中性或关系不易确定状态

从合作与冲突的差异度分析，《联合早报》评论文章中，中美两国在美国海外战争、反恐等问题（61.11%）、经贸关系（33.34%）上处于积极、合作状态的比例较高；中美关系冲突性最为集中地表现在重大冲突事件（-86.05%）、安全军事关系（-51.73%）、间谍活动（-69.23%）和民主和人权领域（-60.00%）。与早报新闻报道相比，评论部分表现中美冲突的文章比例较高的主题基本与前者相同，评论部分反映中美在台湾问题上的冲突的文章的比例不是太高（-20.99%）。

二、在各种不同的中美关系状态中，早报评论文章的倾向性有什么不同

这个问题可以通过统计状态与倾向之间的数量关系来回答。

表 3-9　（评论）中美关系状态与评论倾向性对照表

倾向 / 状态	倾向中国	比例	倾向美国	比例	客观中立	比例	负面评论中国	比例	负面评论美国	比例	总数530篇	中美倾向差异度
积极合作	76	44.71%	18	10.58%	76	44.71%	0	0.00%	0	0.00%	170	34.12%
消极冲突	131	57.21%	25	10.92%	62	27.07%	6	2.62%	5	2.18%	229	45.85%
不确定	32	24.43%	12	9.16%	82	62.60%	5	3.81%	0	0.00%	131	11.45%

在三种状态下，早报评论文章对中国的倾向性都比对美国的倾向性高。通过倾向中国的比例与倾向美国的比例的差额可以看出，在中美关系处于消极、冲突状态下时，评论文章倾向中国与倾向美国的差异度要比积极合作或不确定状态下明显要大。问题2B“在反映中美冲突的报道方面，早报所有评论明显倾向中国吗”，得到肯定。

三、在不同的主题上，早报评论的倾向有什么不同

这个问题可以通过统计主题与倾向之间的数量关系来回答，见表3－10。

从统计可知，在重大冲突事件、安全军事关系、间谍活动和中美经贸关系上，早报评论对中国的倾向尤其明显，超过早报总体倾向差异度（33.58%）。在台湾问题、间谍活动问题和人权问题上，早报评论倾向性不明显，因此，问题3B“在关于中美冲突程度高的主题的评论中，早报所有评论明显倾向中国吗”，部分得到肯定。

四、在评论文章中，不同的作者和文章来源的倾向有什么不同

这个问题可以通过统计作者与倾向之间的数量关系来回答，见表3－11。

在将作者按照单位和地区分类并将其与倾向性进行对照后可以发现，大多数地区的作者对中国的倾向性都高于对美国的倾向性，只有台湾作者倾向美国的程度高于倾向中国大陆的程度，另外马来西亚和印度尼西亚的评论分布平均，数量少，说明意义不大。问题4B“《联合早报》记者编辑所写评论倾向中国的程度高于美国吗”，得到肯定。

表3－10　（评论）中美关系主题与评论倾向性对照表

主题／倾向	一般中美关系	重大冲突事件	安全军事关系	台湾问题	间谍活动	民主人权问题	中美经贸关系	美国海外战争	社会事务
倾向中国	118	22	32	23	7	3	25	8	1
比例	45.74%	51.16%	55.17%	28.40%	53.85%	30.00%	55.56%	44.44%	25.00%
倾向美国	29	5	3	11	0	2	3	2	0
比例	11.24%	11.63%	5.17%	13.58%	0.00%	20.00%	6.67%	11.11%	0.00%
客观中立	107	15	21	41	5	4	16	8	3
比例	41.47%	34.88%	36.21%	50.62%	38.46%	40.00%	35.55%	44.44%	75.00%
负面评论中国	3	1	0	5	0	1	1	0	0
比例	1.16%	2.33%	0.00%	6.17%	0.00%	10.00%	2.22%	0.00%	0.00%
负面评论美国	1	0	2	1	1	0	0	0	0
比例	0.39%	0.00%	3.45%	1.23%	7.69%	0.00%	0.00%	0.00%	0.00%
总数530篇	258	43	58	81	13	10	45	18	4
倾向差异度	33.72%	37.21%	53.45%	9.88%	61.54%	0.00%	46.67%	33.33%	25.00%

表 3－11　（评论）作者（地区）与倾向性对照表

作者（地区） 倾向	早报记者编辑	欧洲等美国友好国家作者	其他（马来西亚、印度尼西亚）	中国大陆作者	美国作者	台湾作者	新加坡作者	香港作者	俄罗斯作者	匿名作者
倾向中国	39	27	1	65	72	1	8	21	3	2
比例	45.88%	61.36%	33.33%	62.50%	42.11%	3.85%	53.33%	28.38%	60.00%	66.66%
倾向美国	7	2	1	4	24	8	1	8	0	0
比例	8.24%	4.55%	33.33%	3.84%	14.04%	30.77%	6.67%	10.81%	0.00%	0.00%
客观中立	38	14	1	34	72	12	6	41	2	1
比例	44.71%	31.82%	33.33%	32.69%	42.11%	46.15%	40.00%	55.41%	40.00%	33.33%
负面评论中国	0	1	0	0	3	5	0	1	0	0
比例	0.00%	2.27%	0.00%	0.00%	1.75%	19.23%	0.00%	1.35%	0.00%	0.00%
负面评论美国	1	0	0	1	0	0	0	3	0	0
比例	1.17%	0.00%	0.00%	0.96%	0.00%	0.00%	0.00%	4.05%	0.00%	0.00%
总数 530 篇	85	44	3	104	171	26	15	74	5	3
倾向差异度	38.82%	54.55%	0.00%	59.62%	26.32%	－46.15%	46.67%	20.27%	60.00%	66.66%

五、主要作者和主要主题的倾向

前面的数个表格数据还不能清晰且细致地显示出主要作者在主要主题上的倾向，并不能由此解释早报评论在一些主要主题上倾向的形成来源。为此，必须先确定主要主题和主要作者的对应关系。

依据表3-7，确定以下八大主题：①一般中美关系（多主题）；②重大安全冲突事件（炸馆、南海撞机）；③其他安全、军事关系；④台湾问题；⑤间谍活动问题（李文和间谍案、考克斯报告等问题）；⑥宗教、人权、民主（运动）、民主人士等；⑦中美贸易和经济关系；⑧美国的海外战争、干预行动，如科索沃战争、伊拉克战争、反恐战争等。

依据发稿量，确定以下七类主要地区作者：早报记者编辑、欧洲作者（英国、德国、奥地利以及澳大利亚、加拿大等国的作者，俄罗斯作者仅有一人，归入此类）、中国大陆作者、美国作者、台湾作者、新加坡作者和香港作者。

表3-12　（评论）主要主题与主要评论作者对照表（数字为篇数）

	一般中美关系	重大冲突事件	安全军事关系	台湾问题	间谍活动	人权民主	经贸关系	海外战争
早报记者	41	8	8	14	0	0	10	3
欧洲作者	23	3	13	1	1	4	1	3
中国大陆作者	68	8	8	6	0	0	9	4
美国作者	92	10	19	19	7	3	14	5
台湾作者	3	1	0	20	0	1	1	0
新加坡作者	6	4	1	3	0	0	1	0
香港作者	23	7	8	17	5	2	9	3

如表3－12所示，依据每个主题下不同作者的稿件贡献量大小，选取出主要主题与主要作者的组对如下：

一般中美关系（6）：早报记者编辑、欧洲作者、中国大陆作者、美国作者、新加坡作者、香港作者。

重大冲突事件（4）：早报记者编辑、中国大陆作者、美国作者、香港作者。

安全军事关系（5）：早报记者编辑、欧洲作者、中国大陆作者、美国作者、香港作者。

台湾问题（5）：早报记者编辑、中国大陆作者、美国作者、台湾作者、香港作者。

间谍活动（2）：美国作者、香港作者。

人权民主问题（2）：欧洲作者、美国作者。

经贸关系（4）：早报记者编辑、中国大陆作者、美国作者、香港作者。

海外战争（3）：早报记者编辑、中国大陆作者、美国作者。

由此，可制作出表3－13。

表3－13　（评论）主题和作者背景的倾向性对照表

倾向 主题、作者	倾向中国	倾向美国	客观中立	负面评论中国	负面评论美国	中美倾向差异度
一般中美关系：早报记者（41）	15	3	23	0	0	29.27%
一般中美关系：欧洲作者（23）	14	1	7	1	0	52.17%
一般中美关系：中国大陆作者（68）	42	3	23	0	0	57.35%
一般中美关系：美国作者（92）	40	18	33	1	0	22.83%

（续上表）

倾向 主题、作者	倾向中国	倾向美国	客观中立	负面评论中国	负面评论美国	中美倾向差异度
一般中美关系：新加坡作者（6）	3	0	3	0	0	50.00%
一般中美关系：香港作者（23）	3	2	17	0	1	8.70%
重大冲突事件：早报记者（8）	5	1	2	0	0	50.00%
重大冲突事件：中国大陆作者（6）	6	0	0	0	0	100.00%
重大冲突事件：美国作者（10）	4	0	6	0	0	40.00%
重大冲突事件：香港作者（7）	2	1	4	0	0	14.29%
安全军事关系：早报记者（8）	1	1	5	0	1	12.50%
安全军事关系：欧洲作者（13）	9	0	4	0	0	69.23%
安全军事关系：中国大陆作者（8）	7	0	0	0	1	100.00%
安全军事关系：美国作者（19）	8	1	10	0	0	36.84%
安全军事关系：香港作者（8）	6	1	1	0	0	62.50%
台湾问题：早报记者：（14）	7	0	7	0	0	50.00%
台湾问题：中国大陆作者（6）	3	0	3	0	0	50.00%

（续上表）

倾向 主题、作者	倾向中国	倾向美国	客观中立	负面评论中国	负面评论美国	中美倾向差异度
台湾问题：美国作者（19）	8	2	8	1	0	26.32%
台湾问题：台湾作者（20）	1	6	10	3	0	-40.00%
台湾问题：香港作者（17）	2	3	10	1	1	-5.88%
间谍活动：美国作者（7）	4	0	3	0	0	14.29%
间谍活动：香港作者（5）	2	0	2	0	1	60.00%
人权民主：欧洲作者（4）	2	1	1	0	0	25.00%
人权民主：美国作者（3）	0	1	2	0	0	-33.33%
经贸关系：早报记者（10）	8	2	0	0	0	60.00%
经贸关系：中国大陆作者（9）	5	0	4	0	0	55.55%
经贸关系：美国作者（14）	6	1	6	1	0	28.57%
经贸关系：香港作者（9）	4	0	5	0	0	44.44%
海外战争：早报记者（3）	2	0	1	0	0	66.66%
海外战争：中国大陆作者（4）	2	0	2	0	0	50.00%
海外战争：美国作者（5）	2	1	2	0	0	20.00%

依据表3－13，可进一步制作表3－14。

表3-14 （评论）主要主题、主要作者的倾向差异度对照表（汇总）

主要主题/主要作者	一般中美关系（33.72%）	重大冲突事件（37.21%）	安全军事关系（53.45%）	台湾问题（9.88%）	间谍活动（61.54%）	人权民主（0.00%）	经贸关系（46.67%）	海外战争（33.33%）
早报记者（38.82%）	41（29.27%）	8（50.00%）	8（12.50%）	14（50.00%）	0	0	10（60.00%）	3（66.66%）
欧洲作者（55.10%）	23（52.17%）	3	13（69.23%）	1	1	4（25.00%）	1	3
中国大陆作者（59.62%）	68（57.35%）	8（100.00%）	8（100.00%）	6（50%）	0	0	9（55.55%）	4（50.00%）
美国作者（26.32%）	92（22.83%）	10（40.00%）	19（36.84%）	19（26.32%）	7（14.29%）	3（-33.33%）	14（28.57%）	5（20.00%）
台湾作者（-46.15%）	3	1	0	20（-40.00%）	0	1	1	0
新加坡作者（46.67%）	6（50.00%）	4	1	3	0	0	1	0
香港作者（20.27%）	23（8.70%）	7（14.29）	8（62.50%）	17（-5.88%）	5（60.00%）	2	9（44.44%）	3

注：①最上一行主题后括弧内百分比为早报在该主题上的总体倾向差异度；②最左侧一列作者后括弧内百分比为该类作者的总体倾向差异度；③主题和作者交叉格内的数据分别为篇数和该主题该类作者的倾向差异度。

归纳：

（1）一般中美关系问题：早报在该主题上的总体倾向差异度为33.72%，早报记者在该问题上倾向性基本与此接近(29.27%)。欧洲、中国大陆、美国和新加坡作者的倾向差异度高于这一比例。香港作者的倾向性接近平衡。

（2）重大冲突事件：该主题总体倾向差异度为37.21%。早报记者、中国大陆作者、美国作者的倾向差异度都高于该比例，尤其是中国大陆作者的倾向差异度为100.00%。

（3）安全军事关系：该主题的总体倾向差异度为53.45%，早报记者的倾向性较弱，为12.50%。欧洲作者、香港作者倾向差异度高于该比例；中国大陆作者的倾向差异度达100.00%。

（4）台湾问题：早报在台湾问题上的总体倾向差异度很低，为9.88%，但早报记者本身的倾向差异度较高，为50.00%。台湾作者的倾向差异度最低，为-40.00%，即较为倾向美国。

（5）间谍活动：该主题的总体倾向差异度为61.54%，早报记者未就此问题发稿。主要作者中，香港作者的倾向差异度最高，为60.00%。

（6）人权与民主问题：该主题总体倾向差异度为0.00%，即倾向中美的评论完全平衡。

（7）经贸关系：该主题总体倾向差异度为46.67%。早报记者和中国大陆作者的评论倾向差异度较高。

（8）海外战争：该主题总体倾向差异度为33.33%。早报记者在该问题上较为倾向中国，美国作者倾向中国的程度不高。

因此，问题5B“在关于中美冲突程度高的主题的评论中，早报记者评论明显倾向中国吗”，部分得到肯定。

早报记者在所有主题上的总体倾向差异度为38.82%，在八个主题中，早报记者在四个主题上的倾向差异度小于该百分比，它们是一般中美关系、安全军事关系、间谍活动和人权与民主问题。其中值得注意的有安全军事关系上的较弱倾向性和在间谍活动、人权与民主问题上的零评论现象。

本章小结

一、测试问题的结果

本章通过对统计数据进行列表分析，总结出《联合早报》报道的“数量化”特点，回答了研究问题，并检验了测试性问题，结果如下：

问题1A：《联合早报》新闻报道总体上倾向中国的程度明显高于美国吗？（未得到肯定）

问题2A：在反映中美冲突的报道方面，早报新闻报道明显倾向中国吗？（未得到肯定）

问题3A：在关于中美冲突程度高的主题的报道中，早报新闻报道明显倾向中国吗？（部分主题上得到肯定）

问题4A：《联合早报》记者采访报道倾向中国的程度高于美国吗？（肯定）

问题5A：在关于中美冲突程度高的主题的报道中，早报记者采访稿明显倾向中国吗？（部分主题上得到肯定）

问题1B：《联合早报》评论总体上倾向中国的程度明显高于美国吗？（肯定）

问题2B：在反映中美冲突的报道方面，早报所有评论明显倾向中国吗？（肯定）

问题3B：在关于中美冲突程度高的主题的评论中，早报所有评论明显倾向中国吗？（部分主题上得到肯定）

问题4B：《联合早报》记者编辑所写评论倾向中国的程度高于美国吗？（肯定）

问题5B：在关于中美冲突程度高的主题的评论中，早报记者评论明显倾向中国吗？（部分主题上得到肯定）

二、本章的重要发现

（一）新闻部分的平衡特征

问题1A和2A没有得到肯定，这说明早报的新闻报道部分是较为平衡的，没有明显倾向中国，这一点发现提供了未经统计的倾中印象背后的反常信息。问题3A只有很少一部分得到了肯定，我们可以看到早报在发稿量较大的主题上，基本都是较为平衡的，只有重大冲突（危机）事件的报道倾向中国的现象较为突出。对新闻部分的统计表明，新闻报道不足以显示早报的倾向性，解释力较差。

（二）评论部分倾中为主，辅以平衡

问题1B、2B、4B得到肯定，这说明早报的评论部分是明显倾向中国的，即便如此，早报评论（多作者集合）在台湾问题、人权民主问题和间谍活动问题（早报记者稿）上报道较为平衡，这也对早报倾中惯常认识形成了反证。

下一章将按照主题类别，结合文本解读，将早报中美关系报道倾向与新加坡国家利益取向进行对比分析，检验本书创立的新加坡媒体国际报道倾向生成机制模型，同时回答早报各类倾向产生的原因。

第四章
主题检验和讨论：探析国家利益与倾向生成效果

现已从理论上和制度层面上找到了新加坡媒体倾向性的生成机制，以及对其进行检验所需的构成要素（新加坡利益取向和统计出的早报报道倾向）。在现实中这一“利益取向—报道倾向”的模式真的有效吗？只有当判断在经验中得到证明，才能真正确定早报在中美关系中倾向生成机制的有效性。

在第三章中，统计结果的表格化、对研究问题的回答以及对多个问题的测试初步显示了《联合早报》在中美关系报道上的立场、倾向的细节，但是，正如问题测试结果所显示的，部分问题没有得到肯定答案，有些只得到部分肯定，这就意味着，早报并非在每一个主题上都倾中。

单单从统计得出的数据化结果不能全面、真实地回答《联合早报》对中国的倾向性真貌，也不能回答各种倾向产生的原因，因此必须对报道倾向与新加坡利益取向进行对比检测，只有从逻辑上找到一致性，我们才能确认前述倾向生成模型的合理性。如统计显示，早报新闻部分的相对平衡，说明早报新闻也在努力做到表达客观或中立声音的意图。由于评论才是显示媒体观点和倾向性的载体，[①] 因此，本章的主要任务就是用国际关系诠释的方法，以新闻为辅，以评论为主来检验早报倾向性生成机制模型的有效性。

第一节　主题检验

本节将分主题，结合统计出的倾向分布结果，辅以文本解读来检验早报在中美关系报道上的倾向是否与新加坡国家利益之间存在逻辑联系。

① 笔者曾经在南方报业集团某报担任过国际新闻编辑，并多年写作国际评论，对此略有认识。从新闻学意义上讲，多数报社都只认为社论代表本社立场，而约稿文章只代表作者观点。然而，现实中，媒体还有一个经营理念、媒体受到的制度约束的问题，因此，约稿实际上是“选稿”，新闻体制决定的媒体特性决定着什么样的稿件可以刊载，倾向性也就是由选稿的组成和结果决定的。

一、解释的方法和检验的逻辑

（一）解释的方法

如前文所述，本书选取《联合早报》作为研究国际关系问题的载体，是希望通过运用统计的方法，总结出该报在一个特定的国际关系问题——中美关系问题上的报道倾向和评论立场更细致和丰富的特点，并回答产生这一特点的根本原因，同时检验新加坡媒体倾向生成的机制是否有效。由于早报评论部分在较多主题上表现出倾向中国的特点，因此，《联合早报》不仅是一个记录国际关系现象的载体，而且是一面显现国际关系对新闻传播的影响的镜子。

在统计工作完毕，进一步分析开始之前，有必要对这部分的研究方法作一些说明。国际关系研究主要有两种方法，即科学研究方法和诠释的（hermeneutic）理解方法。前者借鉴自然科学的研究方法，重在探索人类行为的原因（因果关系），以及发现支配人们或集体（包括国家、联合体和同盟）在特定环境下的行为规律。后者重在以理解的方式，凭着经验来诠释事件和行为的意义。①

在政治学的方法论体系中，诠释学的方法是众多定性研究方法的一种，也是一种非统计学的方法。虽然本书前面的大量统计工作、生成机制模型的建立有科学研究的含量和套路，但必须对统计结果进行解释、对比，才能达到验证本书倾向生成机制的目的。

在当代，各种国际互动所形成的社会事实大都会以文本的形态存在下来。这些文本大体上可以分为这样几类：①描述和记录事实的文本，这类文本以新闻媒体各种形式的报道为主，

① ［美］詹姆斯·多尔蒂，小罗伯特·普法尔茨格拉夫．争论中的国际关系理论．阎学通，陈寒溪等译．北京：世界知识出版社，2003. 23

也包括诸如外交档案之类的资料；②国际互动的当事方正式发布的文本，诸如宣言、声明、条约、报告等；③各种各样的研究性文本，诸如评论、论文、专著等。[①]

《联合早报》的中美关系报道就属于这里所讲的“记录国际互动的事实和文本”，在统计过程中，对它的立场和倾向进行感性认识之上的统计分析是研究的第一步。假如要把统计的结果与新加坡多元化的利益取向联系起来，研究者就必须对统计内容包含的倾向、观点和立场作进一步的解释和说明。依据本书的研究目的，在统计和总结了早报新闻与评论的倾向或立场之后，需要将它与新加坡在中美关系中的国家利益取向结合起来进行解读，以达到探明早报倾向性生成的根本原因，检测新加坡媒体国际报道倾向生成机制的目的。

早报的报道倾向或立场是否与新加坡在中美关系中的利益取向有逻辑联系？这是本书的解释部分需要认真回答的问题。

（二）解释的逻辑

在解释过程中，会出现下表的几种情况：

涉及国家利益的问题

涉及国家利益的主题			
新加坡利益取向	早报报道倾向	验证结果	
倾向中国	倾向中国	支持	
	倾向美国	不支持	需解释
	接近平衡报道	不支持	需解释
倾向美国	倾向美国	支持	
	倾向中国	不支持	需解释
	接近平衡报道	不支持	需解释

① 李少军. 国际关系研究与诠释学方法. 世界经济与政治，2006（10）：9

（续上表）

平衡、中立	倾向中国	不支持	需解释
	倾向美国	不支持	需解释
	接近平衡报道	支持	
不涉及国家利益的主题			
	早报报道倾向		
	倾向中国	有未明原因	
	倾向美国	有未明原因	
	接近平衡报道	有未明原因	

当早报在不涉及国家利益的问题上表现出任何一种倾向，都需要根据问题本身去作定性分析或者是开始一个新的科学实证过程。不过，这种情况不构成对涉及国家利益问题的报道倾向生成机制模型的证伪作用，因为在不涉及国家利益的问题上，新加坡媒体是有报道自由的。由此可见，媒体报道倾向所产生的原因在传播学中是一个非常复杂的学术问题，用历史分析法来解读原因，信度不高。①

二、主题解释之一：一般中美关系

一般中美关系这个变量是为不易归类的文章所设置的“集合”型主题标签，它包括了一些内容复杂以及缺乏典型意义的主题。例如，涵盖政治、经济和人权事务等多个主题的文章不易划归任何主题之下，故被归入此类；还有诸如关于两国

① 人们常常会直接从媒体报道体现的观点来解读媒体报道背后的原因，这是一种没有建立因果逻辑联系的分析方法，即使学者凭着经验知道这种原因是正确的，但是这种分析法从学术论证角度却是不严密的。事实上，从学术角度谈媒体报道特点的成因，西方学术界注重实证或者引用他人实证的结果。

领导人互访，中美关系发展现状和趋势等主题的文章也被归入此类。因此，一般中美关系主题包含的内容最为广泛和复杂，反映的是中美关系的一般情况。

（一）新闻报道

1. 早报记者采写稿件倾向分析

新闻报道一般不反映作者的观点，但其倾向性可以通过内容的配比，给予不同新闻主角以表达意见的机会来构成事实上的倾向性，倾向多由此形成。

由于早报在北京有特派员（记者），早报记者在倾向中国的报道中，常报道中国方面的发言和立场，而几乎没有给予美国方面以相应的表述立场的机会。早报引用中国官方发言人的讲话是一大特点。

下列文章具备上述特点，仅仅从标题就可以看出内容的一般情况：

中国警告小布什别利用亚太盟国制约中国（1999－11－14）

中国军事专家认为：小布什当选会破坏“一个中国”政策（2000－10－18）

江泽民：中美“必然走向冲突”说法无依据（2001－03－21）

外长唐家璇：中美“建设性合作关系”不是仅指一时一事合作（2002－03－07）

在《李总理：美国应采取长期眼光，看待中国崛起带来机遇》一文中，早报记者不仅表达了新加坡在中国崛起问题上的看法以及在新中贸易中的重大经济利益，而且还指出了美国与中国维持友好关系的重要性。通过报道新加坡总理李显龙的谈话，早报不仅反映了新加坡的利益，而且也表达了有利于中国的声音和立场。

而在倾向美国的文章中，早报记者主要报道美国有关方面的讲话和立场。因此，该主题的新闻平衡主要是由报道的对象决定的。

克林顿：不应该假设中美是天敌（2001－05－11）

美专家：10月亚太经合组织峰会前中美关系将会进一步改善（2001－08－24）

布什称美中关系良好复杂（2005－07－20）

2. 编写外电和转载文章倾向分析

在早报编写的美国电讯稿件中，倾向中国的稿件一般表示了对中国的正面判断和对中美关系的良好预期。而倾向美国的稿件内容则表示了对中国人权的关注，或者表达了对中国事务的干预态度，这些都从一定程度上表达了美方立场，因而也是倾向于美国的报道。

抽样中转载的欧洲媒体文章没有一篇倾向中国，《超过半数美国人认为中国威胁美安全利益》一文（1999－10－21）反映了美国人对中国的负面认识，而《美抨击央视播鲍威尔访谈时断章取义》（2001－08－01）一文则披露了中国中央电视台违背采访承诺，删除了采访鲍威尔谈话中的部分内容，构成对中国新闻形象的负面影响，这篇属于负面报道中国的文章中，突破“边界”尺度较大的一篇。

（二）评论

1. 早报记者评论倾向于肯定中国在中美关系中的作为

早报记者关于一般中美关系的评论倾向于肯定中国在冷战后至今的对美政策，将中国视为积极改善关系的一方，而将美国视为遏制中国、恶化关系的一方。例如，早报编辑李永明的文章肯定了邓小平提出的“韬光养晦”的外交政策，同时又指出：

对中国而言，维持一个稳定和不断发展的中美关系毫无疑问地符合它的根本利益。但是，“树欲静而风不止”，单从中国一方来维持和发展中美关系肯定是做不到的。美国政界、媒体和国会里都有一些人把中国视为美国的“潜在敌人”，总是从“战略敌人”这一立场来分析和处理与中国的关系。因此，所谓《天安门文件》只不过是这一策略的一个具体表现而已。[①]

作者的评论列举了一些来自美国方面的破坏中美关系的因素，确立了中国积极改善关系，美国破坏关系的立场和判断。

早报新闻编辑木雅则认为，美国对华政策强硬反映了“美国英雄主义文化膨胀”、“冷战思维抬头”以及“美国对中国政策右倾”的事实，并将其与20世纪50年代的麦卡锡主义相比，清楚地反映了作者对美国对华政策的批评态度。[②]

2. 为中美关系改善建言

早报评论员杜平在谈及中国如何改善对美关系时指出：

因此，北京方面在自我辩护的同时，还有必要让美国人看到实实在在的好处。中国总理温家宝有可能在年底访美，国家主席胡锦涛也将于明年初访问华盛顿，在此前后，中国有必要考虑在双边贸易中作出一些让利措施。[③]

提出对策本来就是国际关系评论文章的特点，《联合早报》的不少评论文章都就中美关系改善给出了建议，很多建议是站在中国立场上给出的，因而也是为中国利益考量的对策。从这个意义上讲，早报在评论中实际上是在表达一种对于中美关系改善的期待。这类文章在后续的分析中还有介绍。

---

① 李永明．从战略高度看待中美关系．联合早报，2001－01－20
② 木雅．布什对华强硬姿态的部分缘由．联合早报，2001－05－04
③ 杜平．中美关系又遇选举年．联合早报，2003－09－19

3. 评论中表达的对美国的倾向性

早报记者共有3篇评论表现出对美国的倾向，其中表达了对美国近几十年来对于建立国际体系的贡献，肯定美国关于访华的成效，指出中国要增加透明度等倾向美国的言论。[①] 不容忽视的是早报在该主题上共有29篇评论是倾向美国的（参见表3－10），这些文章每一篇都涉及多个话题，但其中在人权民主问题上对中国的负面评论较多。另外某些文章甚至涉及中国历史上一些极其负面的秘闻，或者表达遏制中国的观点，[②] 但数量较少，由此可见，早报的报道也有与新加坡利益取向不完全一致的情况出现，只是从比例上看，这些文章数量少，不足以改变特定主题的总体倾向。

（三）解释

一般中美关系报道了多个主题，在这个问题上表现出倾向中国的报道立场，实际上能够反映早报在报道中美关系上的全貌。在这个专题上，早报新闻基本平衡，早报评论倾向中国，与早报中美关系全部评论的特点完全一致。早报表达了支持中美关系和谐发展，反对破坏和恶化中美关系的愿望，这种意图与新加坡在中美关系中的利益取向是一致的。同时，早报倾向美国的新闻和评论同样也反映了中国的人权和民主问题，表达支持美国在国际体系中的领导作用等观点，这些倾向美国的观点与新加坡的利益取向并不矛盾。

三、主题解释之二：重大冲突问题

无论是炸馆事件还是撞机事件，新加坡都是局外第三方，

---

① 拜登之行能减少误解．联合早报，2001－08－08；杜平．中美战略对话应从罗斯福开始．联合早报，2005－12－16；杜平．中美对弈，独缺一人．联合早报，2006－06－23

② 伊铭．中美在中南半岛的竞逐赛．联合早报，2000－11－20；许贻波．中美之间为何总能斗而不破．联合早报，2002－12－14

在这些重大冲突事件的报道上，早报为什么倾向中国呢？

在 1999—2006 年这个时段里，本书所指之“重大冲突问题”就是 1999 年 5 月的中国驻南联盟使馆被炸事件和 2001 年 4 月的中美南海撞机事件，这两个事件都是属于安全范畴的问题。本书之所以将它们单列出来，是因为这两个事件与一般的中美安全关系问题明显不同，它们都属于危机事件的范畴。中美之间的利益关系在这两个危机事件中显现得最为明显，冲突最为尖锐，缓冲的余地也最小，因此，将这两个安全事件单列出来进行分析，可以更好地观察《联合早报》作为第三国报纸的立场。

关于 1999 年 5 月的炸馆事件，前文中已经论述过它在冷战后中美关系中的特殊地位，它从安全意识上警醒了中国，加深了中国的安全危机感，也促使中国采取更现实的应对措施。其后中国在国际社会提出的“和平崛起”、“和平发展”等口号，一方面是为了消除外界对中国的恐惧，另一方面也反映了中国极其不愿意与美国再次发生直接的战争临界事件的心理，以便争取更长的“战略机遇期”。

2001 年 4 月的南海撞机事件从表面上看似乎是 1999 年中美冲突的重演，中国民间再次出现反美浪潮，不过比 1999 年 5 月要微弱得多。由于中美两国都积累了上次的经验教训，这次撞机事件最终以双方互相让步而化解。

（一）新闻报道

在重大冲突问题的新闻报道上，早报全部文章的倾向差异度为 28. 17%，但早报记者的采访稿件高度倾向中国（差异度为 73. 68%），该主题的倾向性的平衡是通过编写美国电讯和转载欧洲媒体文章来实现的，这两个来源的稿件相对较为倾向美国。早报在重大冲突问题上的主要报道特点如下：

1. 支持中国维护主权利益

19 篇早报记者文章有 16 篇倾向中国，它们主要是由早报派驻中国的记者采写的。这些文章不仅反映了中国领导人和其他主要官员对危机事件的强烈谴责态度和立场，还重点报道了中国民间声势浩大的反美浪潮。

北京3 000名大学生在美国驻华大使馆外游行示威（1999-05-08）

胡锦涛：示威抗议活动反映中国人民爱国热情（1999-05-10）

北京昨晚10多万人示威（1999-05-11）

北京要美国道歉解释（2001-04-04）

这些文章仅从标题就可以看出其内容的一斑，其倾向性也十分明显。

2. 适度反映中国民间抗议活动的过激行为

早报在反映中国立场与声音的同时，也适度地报道了中国民众在抗议活动中的一些过激行为。例如，早报记者的文章报道了在1999年5月抗议使馆被炸事件的群众运动中，美国的使馆和美国驻成都领事馆都受到不同程度的打砸袭扰。

3. 西方来源的文章倾向美国的程度相对较高

早报编写的美国电讯和转载的欧洲媒体文章相对较倾向美国，从而起到平衡早报记者文章过于倾向中国的作用。这种特点在后续的安全军事关系、台湾问题、间谍问题和人权民主问题中同样存在。在炸馆事件中，美国电讯稿件表达了美方对“误炸”的解释及美国方面对事件所进行的外交努力等。欧洲媒体对美国有利的报道则主要包括以下内容：中国民众的示威活动对美国使馆和领事馆造成的损坏情况；美国方面宣称炸馆行为属于“误炸”；美国方面要求中国赔偿示威活动给美方带来的损失等。在2001年的撞机事件中，欧洲媒体倾向美国的文章主要包括以下内容：暗示中国撞机是为了窃取美国侦察机技术；美方宣称中国战机威胁美国军机安全等。

（二）评论

在评论方面，早报记者和其他工作人员的评论也高度倾向中国。对于中国民众就炸馆事件作出的反应，早报社论明确宣称“中国政府与民间对此事反应强烈，是完全可以理解的”，批评美国的霸权主义，称其轰炸中国使馆属于严重的侵犯中国主权的行为。[①] 另外一篇社论公开批评了美国的霸权行径：

虽然美国和北约在事后都承认错误，美国总统克林顿在认错和道歉之余，却并没有悔改之意，还把罪过都推诿到米洛舍维奇身上，充分显示出霸权的本色，这种傲慢的态度正是激起中国加大反击力度的因素。[②]

这篇社论还明确质疑北约行动的合法性，例如：

自战事发生以来，西方国家铺天盖地而来的人权言论，为北约挥舞大棒大力造势，使到国际舆论充满着“霸权有理”的色彩。这次发生空袭中国大使馆事件，已令人对北约的行动更为产生质疑，究竟北约是在为人权而战，还是在践踏人权？北约能够无视国际公约和国家主权，擅自打着替天行道的旗号吗？北约闯了这场大祸，现在它正陷入难以驾驭舆论的困境。[③]

在炸馆事件中，早报记者编辑所写评论文章没有一篇倾向美国，全部为倾向中国和中立态度的文章。关于 2001 年 4 月的中美撞机事件，早报也只有仅仅一篇文章稍显倾向美国，它表示了对美国侦察机上的机密资料是否已经销毁的“担忧”：

---

① 美国须防闯下大祸．联合早报，1999 – 05 – 10
② 中美关系的新考验．联合早报，1999 – 05 – 11
③ 中美关系的新考验．联合早报，1999 – 05 – 11

这架机上的许多不可向外人（尤其是中国）道的“高度秘密”，落在中国人员的手里，那麻烦可大，大到足以削弱美国在电子战方面的领先地位至少十年。……话虽如此，机上的24名机员，有还是没有及时消灭掉那些机密数据和仪器，还无法定夺，所以，布什也就无法安下心来，沉着应付中美军机相撞的事件了。

中国人员有没有登上这架EP－3E？恐怕只有等中国将机身连人送回美国后才能分晓。你若是布什，你会焦急吗？肯定会。①

台湾作者则较为倾向美国，认为中国在使馆被炸事件上反应过激，具有特殊意图。

北京此种过度反应的战略意图，具有对内与对外的政治考量。……先就对内考量而言，大陆采取局部封锁资讯、引导民众、模糊焦点与转移视听的一贯手法，先是淡化南斯拉夫种族净化暴行之不正当性，不愿见到外国势力干预科索沃危机所树立的先例助长台、（新）疆、藏、蒙地区之分离势力。②

在早报约稿作者文章中，倾向美国的文章屈指可数，从文本上解析，少数文章之所以被判断为倾向美国，是因为它透露出某种对中国极其不利的信息。例如，阮次山在其评论中通过分析暗示中国通过使馆进行谍报活动，因此美国有意要炸使馆

---

① 梁明广. 美国侦察机机密资料已销毁?. 联合早报，2001－04－08

② 潘锡堂. 北约误炸事件对两岸关系的影响. 联合早报，1999－05－25

的结论。[①] 阮次山的多数评论都是中立客观的，但这篇文章的分析结果却产生倾向美国的效果：

> 据笔者分析，那几位美国官员从6月23日起连续向记者泄密的动机，除了要间接逼中国政府接受美国的“误炸”说法之外，也趁机向中国警告“我们已知道中国的相关谍报活动”，而且，若无把握，美国官员绝不会这么明显地泄密。
>
> 因此，在表面上，美国官员如此泄密的结果，正好应了中方的说法“美国是故意炸的”，然而，经过这一连串巧妙的间接泄密，很明显地，美国政府除了已造就一股“炸得有理”的气氛之外，同时也把中国当局逼向进退失据的墙角。

这段文字的分析向读者透露，美国之所以轰炸使馆，是因为怀疑中国使馆涉嫌谍报活动，美国不得已采取军事行动对此加以破坏。这种信息无疑使得美国的轰炸显得有了一定的“合理性”，对读者心中本来有利于中国的印象与判断产生了折扣作用。

（三）解释

虽然新加坡是炸馆和撞机事件的第三方，但是，这两起严重的中美关系危机事件给东亚地区和平带来的冲击是显而易见的。炸馆是明显的侵犯行为，而撞机起码也是在中国领土邻近地区搞侦察活动的结果，若不考虑事情真相，单从表面的事实看，这是一个是非界线非常明确的问题。从新加坡立场来看，虽然第一次危机事件更加令人担忧，第二次由于拥有了危机处理经验而相对轻松化解，但是，从大国平衡战略和维护地区安全的角度观察，美国是占据优势的一方，侵犯的一方，且是事端的挑起者。因此，早报表现出倾向中国的立场体现了新加坡

---

① 阮次山．美国对“误炸”事件越描越黑．联合早报，1999－07－01

的安全利益取向，即防范中美冲突，维护地区和平。

早报倾向中国的报道与新加坡资深政治人物的态度极为一致。北约轰炸中国驻南联盟大使馆后，内阁资政李光耀批评美国没有就北约轰炸中国驻南斯拉夫联盟大使馆事件合理地表示歉意，也没有给予中国应有的重视。他相信，美国应该毫无保留地表示歉意，甚至派遣一支特别使团到中国道歉。① 在这一中国主权遭受严重侵犯的时刻，新加坡前领导人在中美重大冲突中持如此明确的立场，对于新中关系的积极意义是不言而喻的。早报在该问题的报道上，倾向中国的特点比较明显也就不足为奇了。

值得关注的是，在撞机事件后早期，李光耀没有发表有关演说，政府新闻秘书甚至还专门出面澄清外电误传李光耀发表立场讲话。② 从这个信息看，新政府对于第二次危机事件较为放心。

总而言之，在炸馆和撞机事件中，早报的报道无论是其采访稿件还是其总体倾向性，从比例上看都有利于中国，由于这两个事件都是涉及中国主权问题的重大利益问题，进行倾向中国的报道对于中国而言有着特殊意义。

四、主题解释之三：安全军事关系

在安全问题上，新加坡高度依赖美国在亚洲的军事存在，新美之间的安全军事关系要比中美之间密切得多，为什么在中美安全军事关系上，早报会倾向中国呢？

中美安全军事关系也是《联合早报》重点报道的问题，抽样文章中关于该主题的报道有 86 篇，内容涵盖两国军事往

---

① 李资政批评美未合理道歉也没给予中国应有重视. 联合早报，1999－05－20

② 新闻秘书指路透社报道错误，李资政从未针对中美撞机事件发表谈话. 联合早报，2001－04－11

来、安全冲突、地缘政治、军事竞争等。中美安全关系有着结构性冲突的特点，[①] 也是中美关系中最难处理的问题之一，它不仅本身影响着中美关系的长久和平发展，也引发出其他许多中美关系的矛盾与冲突。人权问题、经贸关系以及台湾问题等都在一定程度上与中美安全关系有着千丝万缕的联系。

中国在综合实力增强的过程中，今后面临的最大的国际问题之一就是如何与霸权国家共处，这个问题从根本上讲就是一个安全问题。中美之间由于在意识形态上的差异性，难以在短期内建立起长久的信任关系。核武器虽然降低了中美之间发生直接战争冲突的概率，但是，这种矛盾的势能必然寻找其他突破口得以显现。[②]

从国家利益角度分析，安全关系中所蕴藏的利益对于中美两国而言是带有根本意义的。因此，如何报道中美安全关系，成为观察早报立场以及新加坡国家利益对早报报道的影响作用的渠道之一。

（一）新闻报道

总体倾向差异度仅为 3.50%，属于平衡报道。早报记者

---

① 这是一种基于现实主义的观点，参阅王子昌. 解构美国话语霸权. 东南亚研究，2003（4）：49

② 常见的认识认为，核武器的存在遏止了核国家之间发生战争的冲动，古巴导弹危机的和平解决就是这样一个例子，原因在于任何一方都不愿意冒彼此摧毁的危险。实际上，存在着彼此摧毁的可能并不意味着核国家之间只要发生战争，双方就要从根本上摧毁对方。假如双方的目标是有限的，对对方的威胁也不是涉及全局和根本的，核国家并不一定要使用核武器。美国在朝鲜战争中拥有核武器优势，但它并没有用之于中国。有观点认为，中国当时是借用了苏联的核保护伞，因此美国才不敢用核武器。（参阅［美］小约瑟夫·奈. 理解国际冲突：理论与历史. 张小明译. 上海：上海世纪出版集团，2002. 209）即便这一解释成立，它也同样证明了这样一个结论——一个核国家（美国）和一个有核保护的国家（20 世纪 50 年代的中国）可以发生战争，但不一定引发核战争。

采访稿件倾向中国的程度较为显著，差异度为30.00%。早报报道的内容主要是关于中美两国的军事往来、中国指责美国搞霸权主义、美国指责中方转让军事技术给某些第三方等。早报转载的美国电讯关于中国的负面内容较多。

1. 倾向中国的报道主要反映了中国的立场和观点

在早报记者采访稿中，倾向中国的文章报道了中国对美国霸权主义、军事理论、安全战略、核武计划等政策理论的批评，反映了中国的立场和利益。在倾向美国的文章中，早报记者主要报道了中国禁止美国军机、军舰等停靠香港可能给经济带来的负面影响，以及警惕中国军力增长，暗示中国的军力增长可能给美国带来威胁等问题。

2. 以外电为信息来源的稿件负面报道中国内容多涉及“中国威胁论”

早报编写的美国电讯主要报道了所谓中国扩散核武器、进行核试验、转让生物技术、中国军力威胁亚太安全等问题，这些问题体现了美国立场和观点。欧洲媒体的报道较为平衡，正面和负面的问题都有报道，其主题也是围绕中国威胁、武器和技术扩散等问题展开的。

从早报的新闻报道部分可以看到，早报记者报道中国或美国任何一方的官方讲话、民间意见，相应地，这篇文章的倾向性也就倾向这一方，这是由于发表意见的机构和个人，一般总是发表对自己有利的观点、表示对自己有利的立场的。报纸在很大的程度上必须依赖这些信息源（source）来进行报道，这就使报道对象常常成为倾向的决定者。

例如，在安全军事关系问题上，早报有三篇文章倾向美国，而这三篇文章的采访对象和记者都不在中国大陆，一篇是香港特派员李慧玲所写的，她报道的是美国军舰停靠香港的问题，采访的对象是美方指挥官，因此消息来源主要是美方。①香港特派员霍月伟就中国禁止美国军机停港问题采访香港大学教授刘兆佳，刘兆佳对中国政府决定对香港将产生不利影响的分析构成对中国的负面报道。② 这种由采访对象决定倾向的情况在新闻报道部分是一个典型现象。

（二）评论部分

评论部分总体倾向中国的程度较高（53.54%），但早报记者的评论倾向于平衡和客观中立。早报记者在该问题上倾向中国和倾向美国的文章都只有一篇，其倾向美国的文章的主要观点值得关注：

由美、日、韩、澳组成区域安全对话机制，笼统地说，是为了确保区域和平与稳定而设，可是，像这样的机制，难免不令这个区域的国家感到不自在，中国应是对此最敏感的国家，因为中美之间，从克林顿到布什，关系始终是跌宕起伏，敌友难分，美国在这个地区和任何国家结盟，必然引起中国的密切关注。③

新加坡对美国军事存在的欢迎态度在其中也明显体现出来：

每一个国家都可能从自己的利益出发，和其他国家建立密切的外交和军事关系，只要这种关系不是蓄意针对第三国家的，则应不会引起其他国家的误解。举个例子来说，新加坡容

① 李慧玲．星座号指挥官：美两艘航母在南中国海会师演习纯因巧遇．联合早报，2001－08－21

② 霍月伟．中国又禁美军机飞港．联合早报，1999－08－05

③ 美国计划建立区域安全机制令澳洲进退失据．联合早报，2001－08－03

许美军使用我国的军事设施，并不是针对任何国家，正如李光耀资政所说的："我们有自己的利益要维护，中国有自己的利益要维护，美国有自己的利益要维护。"为了本身的利益而联合，就不会被理解成为是为了专对付他人而联合。[1]

由于这段文字来自早报社论，早报在安全军事问题上的立场和观点显而易见。在这个问题上，早报明显倾向于认同官方的立场，即认为在中美安全关系中，美国对于维护亚太地区的安全稳定，促进新加坡的安全利益有着重大作用。这也可以解释为什么在安全军事关系上，倾向中国的文章多数来自非早报记者的原因了。

早报关于安全军事关系的新闻部分的报道基本平衡，其突出特点是转载电讯稿件较多，信息来源多元化；在评论部分，早报记者的评论倾向中国的程度不高（12.50%），显示中立立场的稿件比例高，但通过使用国外华人作者的稿件，早报评论总体倾向中国的程度较高（53.45%）。欧洲作者、中国作者的文章主要表达了对美国围堵中国的战略、对导弹防御系统，如 NMD 和 TMD 批评的声音。

（三）解释

支持美军在亚洲的军事存在，这个立场在早报内部是基本理念。[2] 新加坡媒体虽然在文化方面反击西方价值观，但是，在支持美军留在东南亚乃至亚太地区这些重大的军事问题上，早报舆论与政府必须保持高度一致。

新加坡的大国平衡战略在安全问题上可以得到较好的解释，早报记者的评论多为中立、平衡性的，这更能代表报社的

① 美国计划建立区域安全机制令澳洲进退失据．联合早报，2001－08－03

② 袁舟．媒体集团的经营与管理：新加坡报业控股的成功之道．汕头：汕头大学出版社，2003．78

本意。但是，现实中，美国又处于军事上的强势地位，反对霸权主义的声音在中国十分强烈，刊登中国和欧洲作者倾向中国程度较高的稿件，可以表达反对美国打压中国的声音，体现了新加坡反对遏制中国、打压中国的做法，这也是在该主题上，早报评论仍然显著倾向中国的原因。

五、主题解释之四：台湾问题

台湾问题不过是美国制约中国的一张牌，而且新加坡还跟台湾有着一些“特殊关系”，可是，为什么早报记者新闻稿件和评论在这个问题上都倾向中国呢？

台湾问题是中美关系矛盾的集中体现，台湾是美国用以牵制中国的一张王牌，而对中国而言，在台湾问题上坚持强硬立场是加强民族凝聚力和获取执政合法性的重要来源之一。对新加坡而言，台湾问题本身并不直接涉及其利益，但新加坡不希望东亚局势因台湾问题受到影响，维护地区安全与稳定的利益诉求与中国谋求和平统一和地区安全的利益存在交集。

台湾对于美国的战略利益是否大到足以让美国不惜一战的地步，美国的根本目标是遏制一个可能对它构成威胁的中国的崛起。美国以为利用台湾问题可以要挟中国，而中国也认为美国可能协防台湾而感到被要挟，在这样一种假想的自我实现中，台湾问题变成了一场冷战后的冷战，而铁幕就架设在台湾岛与大陆之间那两百多公里的海峡里。因此，在1999年之后至今的中美冲突中，台湾问题仍然保持着最重大的敏感问题的地位。

（一）新闻报道

早报记者倾向中国的报道包括：报道基辛格指责台湾领导人；[1] 反映中国官方在台湾问题上的坚定立场；反映美国官方

① 周锐鹏．基辛格指台领导人“过分”．联合早报，1999－10－25

对“一中”政策的支持等。倾向美国的报道则主要包括反映台湾领导人在台湾问题上的看法。①

编写稿件内容包括：美国方面对台湾表示支持，对大陆政策和立场不利的消息；② 国会反对美国政府，反对中国政府台湾政策的文章等。③

虽然早报在台湾问题的总体报道上基本平衡（差异度为 -2.47%），但是早报记者本身的采访稿却明显倾向中国（差异度为 52.63%）。也就是说，早报记者本身的倾中意向还是十分明显的。

（二）评论部分

早报记者编辑所写的评论中，没有一篇倾向美国。在其倾向中国的评论中，主要支持或反对了以下这些做法：

早报记者李永明批评美国出台《加强台湾安全法案》，认为它加大了台海冲突的危险：

> 台海局势自去年 7 月李登辉提出“两国论”以来原本就波涛汹涌，恶化程度和速度使得所有为两岸人民的幸福和安定不断祈祷的海内外舆论感到无比的担忧。现在再加上美国国会的一纸法案把这一地区的局势搅得更加不得安宁。④

早报评论员杜平则指出，美国对台军售极具危险性，将使中美关系严重倒退，并影响地区稳定：

---

① 李气虹．扁吁美在两岸课题上更积极．联合早报，2000 - 06 - 13

② 美研究报告：亚洲驻军重点应靠近台湾．联合早报，2001 - 05 - 16

③ 美国会要求布什强烈反对中国制定反分裂法．联合早报，2005 - 02 - 24

④ 李永明．台安全法反不利台．联合早报，2000 - 02 - 15

一些研究两岸问题的学者竟然还为军购案帮腔，继续跟着推波助澜。这种不负责任的态度，只能使期盼两岸和平的人们感到不安……

海峡两岸关系的前途如何，攸关两地人民的根本利益，关系到周边国家的发展，同时也会牵动海外华人的荣辱观念。凡是真诚关心和愿意帮助两岸走向和平的人，只要不是恶意干涉和挑拨离间，都有理由和义务对两岸问题发表建设性的看法，提醒两岸当局对可能发生的危险事态予以警觉。[①]

另外，早报记者的评论还批评了美国给予台湾领导人过境签证的做法、赞许中国在台湾问题上的克制态度，并为中国应对美国的台湾政策出谋划策。

美国作者倾向中国的态度也较为明显，他们主要支持中国的“一中”政策，批评美国向台湾军售等。其两篇倾向性文章中，一篇是汤本的文章，认为大陆封杀张惠妹不当，另外一篇是《洛杉矶时报》的文章。

在倾向美国的文章中，其倾向性一般都是以非常委婉的方式表述出来的，如阮次山在其文章中列举了美国在亚洲的日本、菲律宾、韩国和台湾的民主拓展的成就。另外还在文章中“不经意”地暗示了中国的白皮书越出了中美三个联合公报的底线。[②]

台湾作者在台海问题和中美台关系方面要么倾向美国，要么持中立态度，潘锡堂对美国对台军售明确支持，并批评中国政府武力威胁台湾：

华府既坚持北京对台湾问题必须“和平解决”，又强调不

① 杜平．要正视美台军售的危险性．联合早报，2001－03－26

② 阮次山．美国何以对北京白皮书反应激烈．联合早报，2000－02－29

能坐视大陆扩增对台威胁，无怪乎美国可客观地判定根据台海的军事均势及台湾本身的需要，决定年度对台军售的质与量，北京在密切关注之余，也只能徒呼负负。尤其大陆近年大事扩张军备、暴增军事预算、甚至增加部署对台导弹，不仅无视美方呼吁的减少扩军与部署导弹之要求，尚且进而派员阻挠对台军售，也难怪鲍威尔说，美国依据“台湾关系法”对台出售武器，并不违反三公报原则。[①]

台湾另一主要作者蔡玮也支持美国对台军售，并指出这是对中国对台“威胁”的有力制衡，“台湾有了新的潜艇、驱逐舰及反潜攻击机，这将对大陆海军的可能威胁产生相当的平衡作用”，他还认为“台北必须加强与美国沟通，要配合美国和平演变中国的战略构想，来争取战略空间、高度和时间”。[②]

（三）解释

几乎所有的国家在与中国建交时，都必须明确声明支持一个中国的立场，然而，1990 年 10 月新中两国的建交公报并未作如此声明：

中华人民共和国政府和新加坡共和国政府决定，在和平共处五项原则和联合国宪章的原则基础上，自一九九〇年十月三日起建立外交关系，互派大使，并为对方使馆履行公务提供便利。[③]

---

① 潘锡堂．钱其琛访美与对台军售．联合早报，2001 - 04 - 04

② 蔡玮．美国对台军售冲击中美台三角关系．联合早报，2001 - 04 - 26

③ 中华人民共和国政府和新加坡共和国政府关于建立外交关系的联合公报．中国外交部网站：http：//www.fmprc.gov.cn/chn/wjb/zzjg/yzs/gjlb/1323/1324/t6014.htm

新加坡在处理与台湾海峡两岸关系时表现出高度的灵活性，海峡两岸也都能容忍和实际上鼓励其扮演特殊角色。[①] 新加坡的两岸外交是基于务实原则而采取的，其不触及大陆的一个中国原则，不搞分裂中国的活动，另一方面，与台湾保持积极接触，促进新台贸易和投资的发展。

早报在台湾问题上倾向中国也可以从新加坡政府立场中找到关联。自 1999 年至今，新加坡在台湾问题上的立场是基本一致的，即反对台独，支持中国的一个中国的政策。虽然在 2004 年，新中关系因李显龙副总理访问台湾而一时出现摩擦，但这一事件迅速得以平息。李光耀曾经在接受媒体采访时表示，新中外交风波再次凸显了台湾问题是中国的核心利益所在，使新加坡更相信“台独”分子如果继续玩火，中美之间最终得因台湾问题而擦枪走火。“到时，你们所看到的东亚欣欣向荣和高增长的景象将完全改观。新加坡和本区域都会受波及。”[②] 李光耀在台湾问题上的看法，反映了他个人对台湾问题的务实看法，这种看法与新加坡利益取向也是一致的。新加坡采取支持中国大陆，反对台独的政策，有利于巩固自身与中国密切的经贸联系，体现了它维护东亚地区和平与稳定的期待。在早报台湾问题报道上，令人惊奇的是总体基本处于平衡状态，但早报记者显示了倾向中国的特点，其刊登的台湾作者文章则明显倾向美国，这些稿件表达的主要意思是支持美国军售，以平衡大陆的压力，从这个意义上看，这些评论仍然能够体现新加坡的平衡战略，即认为台湾军力提升有利于维持台海两岸力量平衡。这样的稿源分布和倾向特征，与新加坡的政策立场、利益取向有着高度的吻合。

---

① 陈乔之等．冷战后东盟国家对华政策研究．北京：中国社会科学出版社，2001. 252

② 李光耀：台湾问题始终是中国的一大核心利益．国台湾网，2004 – 12 – 03. http：//www. taiwan. cn/twic/hdjl/75793. html

六、主题解释之五：间谍活动问题

在这个问题上，早报新闻报道完全平衡，早报评论高度倾向中国但早报记者没有发评论稿，这个问题如何解释呢？

（一）新闻报道

抽样稿件中未见早报记者采访稿件。在主要新闻稿件来源中，编写的中国电讯稿件倾向中国的程度较高，主要内容有：揭露美国针对中国的情报手段，中国官方指责美国干涉中国审理涉嫌间谍活动的人士；暗示美国在中国专机上安装窃听器等。而倾向美国的报道主要反映美国针对间谍问题进行调查，并指称这些间谍活动可能跟中国有关，因此构成对中国的负面报道。

（二）评论部分

全部评论文章中，没有一篇稿件倾向美国。早报总体倾向中国的程度很高（61.54%），发稿主要来自美国和香港作者，美国作者的评论倾向中国，但多以分析美国间谍活动的背景，揭露其间谍活动的常态现象为主；香港作者倾向中国的程度高，一般认为美国在间谍案件中，有种族歧视现象和刻意针对中国的政治斗争意图。如使用“李文和案终于沉冤昭雪”、[①]“李文和最终能否获平反”[②] 这样的倾向性标题。有作者还为中国应对《考克斯报告》提供建议。[③]

总之，虽然早报在间谍活动问题的新闻部分的报道是平衡的，但其评论却高度倾向中国（差异度为61.54%），在这一中美冲突性较高的主题上，早报评论显示了对中国的支持。

---

① 阮次山．李文和案终于沉冤昭雪．联合早报，1999－08－27

② 阮次山．李文和最终能否获平反．联合早报，1999－12－21

③ 郑赤琰．评“考克斯报告”与中国的回应．联合早报，1999－06－10

（三）解释

关于间谍活动的报道主要是与李文和案有关的。对中国而言，在李文和案水落石出之前，损害的是中国的国家形象，同时也导致中美关系出现了较为紧张的局面。

在这个问题上，新加坡是否有自己的利益考量？这是一个不易直接判断的问题。从这一事件引起的中美紧张关系来看，这是违背新加坡在中美关系中的利益取向的。从华人遭受歧视，新加坡政府若因族裔地位形象方面的考虑而支持中国，这种选择就不能用国家利益来解释了。从以上利益与非利益考量分析，早报评论在间谍活动问题上对中国的倾向性都可以解释得通。

至于具体的原因，在本书研究状态下，笔者不想作过分牵强附会的解释。其中极有可能的原因是：①笔者未能发现它与新加坡的利益关系；②新加坡在此问题上无国家利益牵涉；③其他未知因素是促使早报在该问题上倾中。

这个案例的解释难度，并不妨碍本研究的有效性，任何研究都有例外，研究的设计是基于某个理论建立的，不可能对研究中所有的情形加以解释。如同单个学派的国际关系理论无法解释所有的国际现象一样，假如新加坡在这个问题上如笔者所理解的那样没有利益牵涉，本书的倾向生成机制在此就不适用。

七、主题解释之六：人权、民主问题

既然新加坡与美国的人权观念、民主观念差异巨大，为何它没有表现出对中国的倾向呢？

包括人权、民主在内的意识形态问题在 20 世纪 90 年代中前期是中美关系中的一个复杂议题，它引起中美两国严重的外交纠纷和形式上的摩擦。虽然在 1999 年以后的中美关系中，这一问题的影响大大下降，但是它作为中美关系中的敏感问题的地位没有发生变化。在新加坡，人权同样是一个敏感话题，新加坡官方从来都不认同西方的人权观念，因此，从关于中美关系中的人权问题的报道中，可以观察早报报道是如何处理这一对于两国都属于敏感问题的策略的。

（一）新闻报道

倾向中国的报道主要反映中国官方在人权问题上，对来自西方国家指责的反驳；[①] 美国教授对美国扩展民主的行为的批评；[②] 倾向美国的报道则主要反映美方对中方“拘捕民运和宗教人士”，或是对中国宗教与人权状况的批评。[③]

人权问题在新加坡同样是一个敏感问题，新加坡政府在该问题上对西方关于人权问题的指责素来不满，因此，早报记者本身在该主题上的采访稿件较少，这样一种有意或无意制造的事实至少使得早报在新加坡和中国都不会招致被动。早报记者较多地使用中国电讯编写稿（7 篇），占总数 14 篇的一半，在新加坡政府或者新加坡读者看来，这些倾向中国的立场无论对错都不过是对中国立场的重复。

（二）评论部分

早报评论就中美之间的人权问题发表的评论较少。早报记者编辑在该问题上没有发稿，主要评论来自欧洲国家、美国和香港。

加拿大作者刘伯松，在人权问题上不讳言中国的问题，但倾向性表现在指责美国人权报告的“意图”不正当。

众所周知，中国人权状况的确有许多需要改善的地方，但美国近年来老是把它和其他项目联系一起，令人不得不怀疑它

---

① 斯诺遗孀指中国：践踏人权，中国外交部反驳：不合实际．联合早报，2000－04－07；中国反驳王国齐有关摘取死刑犯器官的说法．联合早报，2001－07－15

② 哈佛教授：美推动民主化过程有偏差．联合早报，2000－01－21

③ 美众议员要求中国释放被扣异议人士．联合早报，2002－01－10

的真正意图。再过几天，一年一度的联合国人权会议将要开幕，同时，美国国会也将开始讨论中国贸易关系待遇问题。总统选举预选更在紧锣密鼓进行中。看来，中美人权问题政治化越来越会上升的。这也好，人们也许更有机会看出美国对人权问题指手画脚的真正面目！①

荷兰作者徐弘炯倾向性（倾向中国）较为强烈，严厉批判“人权高于主权”的论调。② 而英国作者郑永年则表现出倾向美国，认为中国应推进内政改革。③ 香港作者阮次山的文章标题“美国对‘谴责中国人权案’为何还不死心?”④ 足以显示他对美国人权战的反感和不屑。批评中国尺度最大的文章转自台湾《中国时报》，文章指出中国目前制度与政治意识形态离民主尚“有一段不小的距离”。⑤

意识形态问题在中国是最为敏感的问题之一，早报在新闻部分只有不显著的倾向度，在评论上不仅自身记者零发稿，其总体评论倾向度也是零，即平衡报道，早报在意识形态问题的评论报道上，在批评美国的同时，也明确地批评中国存在的有关问题，没有显示特别的倾向性。不过，如果考虑到在一般中美关系中有数篇涉及负面报道中国意识形态问题的文章，那么早报关于意识形态问题的报道实际上是倾向美国的，或者是负面报道中国的。

---

① 刘伯松．中美对弈人权棋．联合早报，2000－03－09

② 徐弘炯．地缘政治的玫瑰——评“人权高于主权论”之一．联合早报，2000－04－19

③ 郑永年．美国转型外交对中国的含义．联合早报，2006－04－18

④ 阮次山．美国对“谴责中国人权案”为何还不死心．联合早报，2000－04－25

⑤ 迈向民主开放，何惧瓦解预言（转自台湾《中国时报》）．联合早报，2005－09－28

（三）解释

新加坡虽然与美国存在重大的人权、民主等意识形态方面的差异，但是，中美关系中的意识形态之争实际上不会对新加坡造成直接影响。纵观中美关系人权战，我们可以发现一些有意义的启示。

美国对华人权战的重要且具有代表性的时期是20世纪90年代，考察这段经历对于总结美国在处理经济利益与意识形态利益的冲突时的一般规律有着重要意义。

关于中美人权问题的由来和发展，李云龙所著《中美关系中的人权问题》一书作了如下阶段式的划分：①第一阶段(1972—1989年)：人权问题是细枝末节的问题。第二阶段(1989—1992年)：僵持的局面；第三阶段（1993—1996年)：由于对付苏联的压力彻底解除，美国利用人权问题对中国大肆施压，甚至暂时牺牲经济利益搞人权斗争，这是因为美国政府当时认为离中国共产主义政权垮台只需再加一把力；第四阶段(1996年7月—1998年)：人权作用的下降期。

总结美国对华人权战的经验，我们可以发现，美国的制裁从来没有阻碍其重要经济利益在中国的实现。尤其是从1992年开始中国还启动了新一轮改革开放进程。正是在1992年以后，美国在中国的投资急剧增加，中美贸易成倍增加。

当中美两国间存在着重大的经济利益关系的时候，美国的人权制裁只能是一种形式上的花样而已，它绝对不会牺牲根本的经济利益去为美国人确实也信奉的人权观念服务。②

从中美人权之争的形式与结果来看，美国的人权战效果有

---

① 李云龙．中美关系中的人权问题．北京：新华出版社，1998．1～23

② 这段关于中美人权之争分析是笔者硕士毕业论文的一部分，参阅刘虎．冷战后印尼与美国关系的实证分析．暨南大学硕士学位论文，2003

限，且往往在关键的经济利益面前让步，所谓人权之争已经无法构成对中美关系恶化的担忧。新加坡若对此明察，也就不会认为自身在这种形式化的斗争中有什么利益荣损了。是故，早报在人权问题上稿量极少。

但是，在一般中美关系中有数篇文章涉及针对中国的负面报道，因此，早报在意识形态问题上对中国的报道是略偏负面的。从新加坡政府的意识形态取向分析，虽然它与美国的意识形态存在差异，但它同样不认同中国目前的政治治理方式，早报在意识形态问题上对中国作负面报道（轻度），其主要原因在于新加坡在该问题上与中国不存在共同利益取向，或者说新加坡对中国目前的意识形态特征缺少认同。

八、主题解释之七：经贸关系

新加坡与中国和美国都有着密切的经贸往来和合作利益，为什么在这个问题上，早报持高度倾向中国的立场呢？

（一）新闻报道

在该问题上，早报记者对中国表现出较弱的倾向性，基本接近平衡报道，多数稿件属于无倾向的中立报道。总体构成为：1 篇倾向中国；2 篇倾向美国；9 篇为中立报道。这些报道主要是关于中美之间的贸易纠纷，充斥着双方各执一词、相互指责的言论。

（二）评论部分

早报记者在该问题上倾向中国的程度很高，其两篇倾向美国的文章也只是赞扬美国给予中国永久正常贸易地位（PNTR）的决定。早报对中美贸易正常化，中国积极加入世界贸易组织的行动给予了明确支持。例如：

不论是中美关系永久正常化，还是最终加入世贸组织，这些都将无可争辩地成为江泽民时代的重要政治遗产。其影响所及，无疑会绵延数代人。①

在经贸问题上，多数稿件都是属于中立性的，客观分析两国经贸纠纷的来龙去脉。这个主题不属于敏感范畴，是早报最能够自由表达自身观点和倾向的问题，新加坡在中国有苏州工业园等大型投资合作项目，新中贸易从1999年的85.63亿美元增加到2003年的193.52亿美元，根据中国海关公布的数据，新加坡和中国之间的贸易总额2005年达到了331.5亿美元，在东盟各国中居首位。② 对中国市场的开放和机遇的洞察也体现在早报记者的评论文章中：

无论如何，中国加入世界贸易组织已是水到渠成，13亿人口的消费市场的吸引力是任何国家的厂商都难以抗拒的，中国作为一个最大的发展中国家，它对能源、交通、信息、食品等商品的需求量之大在世界上是数一数二的，中国本身的生产能力远远不能满足这些需求，因此，这就给外国企业带来了巨大的商机。有人称中国是“目前世界上唯一一个尚未开发的庞大市场”不是没有道理的。③

（三）解释

值得注意的是，美国也是新加坡的重要贸易伙伴，2006年新美贸易额达569.38亿美元，新中贸易为537.62亿美元，不相上下。中美两国作为新加坡重要的贸易伙伴已经不是一天两天，也不是一年两年了，早报在经贸关系上的评论却偏偏明显倾向中国，该现象值得研究。

---

① 杜平. 中美贸易正常化的政治意义. 联合早报，2000-09-23

② 中国驻新加坡使馆网站：http://sg.mofcom.gov.cn/maoyi/maoyi.html

③ 李永明. 中美关系增添稳定器. 联合早报，2000-10-04

关于中美经贸摩擦的原因，目前有这样几种看法：第一种认为主要是政治原因，即认为美国仍抱着冷战思维，企图遏制中国。美国政府是出于国内政治的需要，如大选、党派之争，而在经济上对中国施压。第二种认为经济政治因素都有，即除上述政治因素之外还包括经济因素，如贸易逆差、知识产权等。第三种认为是由于中国经济迅速崛起，贸易规模不断扩大引起的。“因为中国目前在世界贸易中排名达到第三位，自然会引起别人的提防，如果中国排名是第30或300的话，是不会引起别国的提防与制约的。”① 也就是说，无论美国与中国的经贸关系是否包含着遏制中国崛起的战略考量，还是现实的、眼前的利益纠纷，美国作为挑起纠纷的一方，必然引起重视自由贸易秩序的国家的关注和研判。

尽管早报在经贸问题上的新闻报道是平衡的，但是国家利益作用的影子仍然明显地体现在其评论文章中，无论是对中国加入WTO的关注和评论立场的支持态度，还是对中国市场的乐观预期，都反映了新加坡十分看重新中经贸利益的事实。

关于中美经贸关系与新加坡的利益取向，在前面的第三章已有介绍和分析，中美经贸发展好坏、中国加入国际贸易体制对于新加坡的利益有着重大的荣损作用，而在这个问题上，美国是挑起事端或者采取遏制阻挠行为的一方，对盼望和支持中国国际社会化的新加坡而言，支持中国易于理解，这也是早报在该主题上倾向中国的原因。

九、主题解释之八：海外战争

在反恐问题上，新美之间有着共同利益，可是，早报为什么要在中美之间涉及海外战争问题上倾向中国呢？

---

① 周林．中美经贸摩擦分析．外交评论（外交学院学报），2006（2）：89

（一）评论

由于新闻报道部分关于美国海外战争的报道较少，这部分内容在其他专题如“伊拉克战争”中有较多报道，因此，在中美关系专题下涉及该问题的内容不多。下面仅就评论部分加以解释和说明。

在该问题上，早报记者对中国的倾向性评论赞许了中国支持美国的反恐行动，中国和美国作者的倾向性评论亦是如此。就“9·11”事件发生后的中美关系，多数评论者认为，反恐为中美关系提供了改善关系的契机。因此，对“中国威胁”比较敏感的美国学者认为，“2001 年‘9·11’事件之后，中国政府与布什政府加强合作，明显分散了美国对中国威胁的注意力”。①

在反恐问题上，新加坡对美国表示了明确的支持，因此，对于中美两国在“9·11”事件以后扩大合作的范围与程度的新动向，早报表示了乐见其成的态度：

> 在“9·11”恐怖事件发生之后，中国坚决支持和参与国际反恐怖主义行动的鲜明立场和积极态度，在世界舆论中受到普遍关注。我们认为这种没有先例的积极姿态，不仅值得国际社会的欢迎和赞赏，而且还应该引起西方世界对中国进行一番新的认识。
>
> 实际上，以前所未有的合作态度来支持和参与国际社会打击恐怖主义，正是北京提高自身国际地位和强化自身正义形象的重要机会。我们明显地看到，北京方面不仅抓住了这个机会，而且还处理得非常明智。……我们相信，随着中国在国际体制中得到更大的认可，北京与外部世界的积极合作将变得更

---

① 罗伯特·萨特. 中国维和举足轻重. 门洪华主编. 中国：大国崛起. 杭州：浙江人民出版社，2004. 149

加广泛和持久。[1]

对于中国在反恐方面的积极表现，早报在社论文章中如此大加赞扬，也反映了新加坡的利益所在——一个更加开放、务实和与国际社会合作的中国才是世界所欢迎的，也是新加坡所欢迎的。中国融入国际社会的程度越深，利益牵涉越是复杂，对于新加坡等对于中国崛起或多或少有些疑虑的国家而言，中国崛起所带来的不确定因素就越少。

在主题验证将要结束的时候，我们再将新加坡的利益取向与表3－9（中美关系状态与评论倾向性对照表）对比一下，可以发现二者之间的一致程度相当高。当中美关系处于合作和改善状态的时候，早报中立报道比例较多（44.71%），但仍以倾向中国为主。当中美关系处于冲突消极状态时，早报高度倾向中国，客观中立的比例下降，说明它采取了较为鲜明的支持立场。而当中美关系状态不明，早报也就往往无立场可选，倾向性差异度也很低，接近平衡（11.45%）。这种报道特点，与新加坡支持中美改善关系，反对恶化中美关系，在冲突中多支持中国政府的利益取向几乎一致。

（二）解释

由于反恐为中美两国提供了改善关系的契机，而新加坡本身又是美国反恐战车上的重要一员，对于中美改善关系，中国支持反恐的言论和行动，新加坡自然乐见其成，而早报倾向中国而不是倾向美国，主要是因为众多报道内容多为关注中国的举动，事实上早报在倾向中国的同时并没有反对美国，很多报道是以赞扬中国的形式进行的，在这个主题上，早报可谓倾中不反美，与新加坡的利益取向基本吻合。

① 中国的新外交主动. 联合早报，2001－10－03

第二节 对倾向生成机制检验的总结

本节将主要对第一节的检验结果进行汇总，并补充说明其他因素可能发挥的作用。

通过对《联合早报》中美关系报道主题的倾向与新加坡相关国家利益取向的对比检验，现将结果汇总如下。

一、主题检验结果汇总

新加坡的国家利益与政策立场体现在报道主题当中。在关于中国和平社会化的分析中，本书从多个理论视角分析了中国和平社会化的难度，显示了这一目标的理论困境。如表3－2和表3－9所示，早报报道主题所显示的中美关系冲突性与本书对中国和平社会化过程中中美关系的理论分析基本不谋而合。在除了一般中美关系、经贸关系和海外战争等少数主题以外的多数主题上，中美关系都是冲突性的。这些冲突涉及中国的安全和意识形态利益。中美关系状态在相当大的程度上决定着中国的内外环境，地区安全形势，这些状态的任何变动都将对新加坡的安全、经济利益产生影响。在以下主题上，我们可以看到新加坡国家利益取向与早报中美关系报道倾向之间的逻辑联系。

在一般中美关系上，早报记者评论明显倾向中国。中美的波折和冲突将危害新加坡的国家利益，早报记者表达了维护中美和平友好关系的愿望，这是新加坡总体对华利益取向的反映。

在重大冲突问题上，危机事件对于中美平衡关系的破坏十分严重，其对地区和平的威胁也迫在眉睫，早报的新闻与评论体现了反对美国霸权主义的倾向，虽然这不一定是新加坡政府的本意，但在这一重大的主权问题上给予中国坚定的支持对促进新中关系的发展有着重大意义。支持中国对新加坡政府而言是一种姿态，而对早报报道而言，支持中国就是维护这种立场可能带来的利益。

在安全与军事关系上，新加坡肯定美国军事存在的作用，在安全上推行大国平衡战略，早报记者编辑所写的评论接近于平衡，只有12.50%左右的倾向差异度，其8篇文章中有5篇采取的是平衡、中立立场。这从一定程度上体现了新加坡大国平衡战略观对早报报道的影响。然而，在安全军事关系的其他议题上，如中美关于导弹防御系统（NMD和TMD）问题的争议、美国对华安全战略等问题上，早报约稿评论显示了对中国的支持和对美国的批评，反映了新加坡在安全问题上的利益取向与美国的差别，即反对遏制中国，防范地区冲突和紧张局势。

人权民主（意识形态）问题也一直是新加坡与西方争论不休的话题，在新加坡官方的人权观念中，中美人权冲突问题对新加坡来说也是一个“敏感”话题。人权、民主问题不仅仅是一个意识形态问题，它也是新加坡的国家利益，维持这种意识形态观念对于维护社会稳定，巩固执政党地位大有益处。因其所处国家的意识形态观念和官方的意识形态取向，早报记者编辑在该主题上采访稿件少，且未发表一篇评论文章，不过早报转载和约稿稿件对中国负面报道言词直露，直陈中国弊病，体现了新中之间意识形态的差异。

在经贸关系上，早报新闻报道较为平衡，但是，在评论中，早报仍然显现出明显的倾向（中国），这是因为促进中美贸易正常化、维护中国在自由贸易体制中顺利参与的角色、促进中国更深入地融入国际经济合作能够增进新加坡的国家利益，因此早报评论支持给予中国PNTR，加入WTO，并反对单方面对中国施加贸易制裁。

“9·11”事件后，美国开始了反恐战争，为冲突中的中美关系提供了改善关系的契机，对此，新加坡乐见其成，中美关系的改善从总体上是有利于新加坡利益的。因此，在中美反恐合作议题和美国海外战争问题上，新加坡表示了对中国的倾向性，赞扬中国给予美国的配合。这种倾向性并不包含对美国的否定和批评，与新加坡支持美国反恐行动并不矛盾。

二、本章发现和结论

新加坡在中美关系中的利益取向是导致《联合早报》中美关系报道相关主题上倾向性分布形态的主要原因，这一检验的成功支持了新加坡媒体国际报道倾向生成机制。从这个意义上讲，本书的研究是基本成功的。

利益诉求不同决定倾向差异：新加坡与美国在对待中国崛起的问题上有着不同的利益或战略考虑。新美两国虽然有着共同的地区安全合作利益、经贸利益，但美国的对华遏制政策、挑起经贸争端等做法是有悖新加坡的国家利益的，所以，新加坡在中美关系中（安全和经贸事务上）倾向于支持中国。对美国来说，中国被认为是一个崛起中的、针对美国的挑战国，美国必须反复地、试探性地打压中国。新加坡作为一个地区小国，不会过于关注大国崛起的问题，它把中国崛起更多地看作是机遇而不是威胁。[①] 在中美经贸关系上，摩擦和纷争多由美国引起，出于对自由贸易体制的维护，新加坡也希望并支持中美两国合作顺利，支持中国加入国际经贸体制，在更高的层次上实现国际化和市场化，从而有利于新中贸易和新加坡经济的发展。也就是说，从总体上讲，新加坡并不希望中美之间出现安全、经贸上的冲突、摩擦，它所需要的就是和谐的中美关系，稳定的地区环境以及发达且运转自如的自由贸易市场和机制。新加坡和美国有如此不同的利益诉求，二者表现出截然不同的对华态度就不难理解了。

---

① 李光耀鼓励年轻人抓住中国机遇. 大河网：http：//www. dahe. cn/xwzx/gj/t20060526_ 524306. htm

安全利益大小决定倾向程度：新加坡的小国地位，特殊的地缘环境，都使得它的所有利益高度倚重安全环境的好坏。安全利益在新加坡国家利益中的首要地位仍然得到体现。新加坡的经济利益与地区安全环境息息相关，它与中国的经济利益的实现也有赖中国和平建设环境的维持，这就是为什么早报在诸多与安全有关的主题上显示出对中国的倾向性。同时，我们还可以发现，在与安全有关的问题的报道上，无论是新闻还是评论，重大冲突事件的倾中程度都是最高的（参阅表3－7和表3－14）。这是因为重大冲突事件对于地区和平、中美关系状态破坏最为严重，可能引起的后果最为严重，它可能对新加坡利益产生的破坏作用也最大，早报对此也高度关注并表达了反对肇事方（美国）的声音。

倾向中国并不意味着没有负面报道：即使是在倾向中国的主题上，早报也发表了针对中国的负面报道，新闻部分的平衡状态就说明，正面报道与负面报道数量接近。而在评论中，差不多每一个主题下都包含着针对中国的负面报道，有些负面的内容包含在被判定为“中立平衡”的文章中，因为在这些文章中，正面与负面的内容兼有。在一般中美关系的新闻和评论中，有针对中国人权民主问题的批评，对中国军事力量“威胁”的描述；在安全军事关系报道上有对美国军事存在的明确支持；在台湾问题上，很多文章明确支持美国，批评中国对台政策；在意识形态事务上，早报有较多对中国的批评。从评论看，早报记者、编辑在政治、安全和经济等主题上有着十分活跃的评论，体现了早报对安全和经贸利益的重视，但在人权问题上发稿少，早报记者、编辑甚至出现零发稿现象，对中国也没有表现出倾向性，如果考虑到一般中美关系报道中所涉及的对中国人权民主问题的批评，早报在意识形态上对中国的报道是偏负面的。

具体而言，本书所探索的新加坡媒体（联合早报）倾向性生成机制可以归纳为，在新中有契合或共同利益的安全和经贸领域中，《联合早报》报道倾向中国；在没有共同利益的意识形态领域中，早报对中国的报道略偏负面（包括倾美）。具体可以描述为：

（1）新中契合的安全利益生成在中美安全关系上对中国的倾向性。

（2）新中共同的经贸利益生成在中美经贸关系上对中国的倾向性。

（3）新中同中有异的意识形态差异表现为报道上轻度倾美。

（4）新美共同的安全利益生成在某些事务上对美国的倾向性。

（5）新台特殊利益关系生成相对平衡报道。

（6）在安全问题上，对新加坡安全影响越大的事件上，早报倾向中国的程度越高。

这一结果的意义和价值要放到促进海外媒体（含华文传媒）客观或者正面报道中国的国家形象工程中去审视。现有的关于提升中国形象的对策研究大多是从传播学视角出发进行的，忽视了改善中国形象需要从国际关系方面，研究倾向性生成机制，并制定相关对策。本书的发现能够填补传播学领域在此问题上的理论不足。

各项利益的相对独立与关联：另外，我们可以发现，在新加坡的媒体报道中，各项利益的体现具有相对的独立性，又有一定的关联性。由于安全利益在几乎所有的国家中都居于首位，从报道中，新加坡在中美关系中相互独立的多元安全取向并没有发生倾向涵盖现象，即任何一种利益取向都没有压倒另外一种。比如，它和不主张遏制中国，不支持“中国威胁论”的提法与它支持美军在亚洲的存在这两个不同取向的安全利益没有发生涵盖，这两种取向仍然清晰地体现在《联合早报》的报道中，并表现为对中美的各自明确的取向。

经贸利益取向与安全利益取向有一定的关联，所以，新加坡的安全利益取向有相当一部分是为经贸利益服务的。

共同利益没有导致早报文过饰非：关于民主和人权等问题的报道篇幅较少，意识形态利益的相对次要地位在报道中得以显明，这与前人研究的结果（如刘建飞）不谋而合。① 新美之间的意识形态差异，新中之间在安全和经贸领域的共同利益也没有导致早报在意识形态问题上对中国产生倾向性，早报对中国人权和腐败问题的报道有相当直露的表达。由此可见，《联合早报》关于中国的报道可谓“爱憎分明，直言不讳”。这一点与中国在20世纪50年代对待苏联的方式有别，当中苏友好时，由于安全上的重大利益存在，中国没有针对苏联执政方式提出批评，但中苏决裂以后，关于苏联执政方式的负面报道就开始出现了。

反过来，新中之间的意识形态差异也没有导致早报鼓吹“中国威胁”或新中放弃拥有共同利益的合作。这说明，意识形态差异在中国与务实型非霸权国的交往中，影响作用较小。

第三节 历史主义和全面分析视角下的补充说明

在解释和说明了本书结论的相对有效性之后，有必要对《联合早报》倾向中国原因的一些常见认识进行一番解析，这既是从全面分析的角度出发的考虑，也是进一步对本书倾向生成机制的进一步检验和肯定。

一、《联合早报》倾中：解析几个历史与现实“原因”

无论是学术界还是在现实的社会生活中，人们强调要从历

① 刘建飞. 美国与反共主义. 北京：中国社会科学出版社，2001. 231

史中，从一些显明的特征中寻找经验和答案，对早报为何倾中这个现实课题，我们也不妨看看历史与表象能否提供满意的、启示性的解答。[①]

（一）历史渊源是早报倾中的原因吗

从历史上看，《联合早报》的前身——《南洋商报》和《星洲日报》的创办人、早期著名编辑人员与中国有着十分密切的渊源。这一历史的渊源能够为今天的早报倾中特征提供解释力吗？

《南洋商报》和《星洲日报》由华侨创办，在“二战”前的许多著名编辑都与中国有着千丝万缕的联系。从这个角度来看，早期的两报与中国有着十分特殊的关系。

《南洋商报》创办人陈嘉庚，1874 年出生于福建省厦门市，17 岁出洋谋生，因经营橡胶业取得巨额财富。他是一位爱国华侨，是孙中山“三民主义”的忠实追随者。1923 年创办《南洋商报》，宣传抵制日货，1928 年，担任山东惨案筹赈会会长，致力于团结华侨抗日。在政治上，直至 1940 年 3 月访问重庆和延安等地之前，他一直拥护并效忠蒋介石和国民党政府。1946 年 9 月，当内战迫在眉睫，他最终发出了反对内战，反对美蒋联盟的公开呼吁，完全站到共产党一方。中华人民共和国成立后，他担任了一些政府要职。

《星洲日报》的创办人胡文虎，1882 年出生于缅甸，20 世纪早期经营中成药发家，1929 年创办《星洲日报》，除此之外，他还在香港、汕头乃至厦门等地创办了《星岛日报》、《星华日报》和《星光日报》等十多种报纸。由于他所创办的

---

① 本书在本节中所列出的吊诡的问题来自与部分学者和研究生探讨过程中所受到的启发。对于他们所提出的质疑，我表示深深的感谢，正是因为这些质疑才激发了本人更多的灵感，也使得本书的论证逐步完善。

报纸一般以“星”字打头，故称星系报业。[①]胡文虎也是一位爱国华侨，他办报目的明确，除宣传自己公司所产虎标药品之外，他还宣传抗日，唤起民众觉醒。

另外在两报工作过的著名报人傅无闷，在《南洋商报》担任过主编的中共党员胡愈之，即胡守愚，都是中国人。[②]

从这一段关于早报与中国的历史渊源的分析中，我们可以得到任何关于今天早报倾中抑或是早报在中美关系中倾中的启示吗？早期的早报的确与中国有着密切的历史渊源，可是，假如我们试图以它的历史渊源为依据，哪怕是旁敲侧击地试图以它来说明今天早报倾中的特征，下面的一段历史则可以完全将它证伪。

1945 年以后，新加坡报业进入了由侨民报业向（新加坡）国民报业的转变期。这一过程到 1965 年新加坡建国彻底完成，早报关于中国的报道和认同发生了巨大变化。无论是中国意识或者侨民心态，都开始逐步弱化，当地意识开始增强。[③]《南洋商报》由对中共较为友好的立场开始转为敌对。例如：

新中国政权树立之一年多来所表现的一切，令人大失所望。对内，是采取苏联革命的肃清异党政策，大事屠杀非同党的所谓“反革命分子”，对外则以苏联马首是瞻，甘心沦为苏联的附庸，……同时介入了韩国战争，使远东局势益形动荡，世界危机加深。[④]

---

① 曾昭铎．爱国华侨胡文虎．党史纵览，1996（1）：34

② 崔贵强．新加坡华文报刊与报人．新加坡：新加坡文化企业私人有限公司，1993. 78

③ 王慷鼎．新加坡华文日报社论研究（1945—1959）．新加坡：新加坡国立大学中文系汉学研究中心，1995. 4

④ 仲广．本报的灵魂——社论．南洋商报，1951－09－06，转引自崔贵强．新加坡华文报刊与报人．新加坡：新加坡文化企业私人有限公司，1993. 160。

《南洋商报》社论主题在这15年里也发生了巨大变化。关于新马的社论比例由1946年的19%上升到1989年的84.3%，关于中国的社论比例同期则由69.7%下降到3%。《星洲日报》关于新马的社论比例由1946年的36.6%上升到93.0%，而关于中国的社论比例同期则由55.7%下降到0.3%。①

如果说社论是报纸立场的根本反应也是报纸的精华部分，那么从王慷鼎对1945—1959年两报社论的研究中，我们可以发现两报对中国报道的关注重点和立场。国民党退败以后，两报都对国民党持一种“哀其不幸，怒其不争”的复杂情绪，而对中共政权，两报基本在被迫接受事实的同时，又持一种批评态度。②

由此可见，“二战”结束后的两报，其对中国的报道倾向发生了较大的变化，历史渊源无力解释这种政治环境大变化下的报道倾向转变，也不能充分说明今天早报倾向中国的特点产生的真正原因。

（二）早报的华人特性是倾中的原因吗

尽管1965年新加坡实现独立，但它终究是一个以华人为主的国家。早报的前身具有华人或者华文特性，这种特性能否为今天早报倾中提供解释力呢？

关于1965—1999年的《联合早报》的系统性研究还比较缺乏，但是我们知道，在新加坡1990年与中国建交以前，它与中国关系并不密切。在“文革”时期，新加坡政府为了培植新加坡国民意识而反对国民前往中国就学，由此不难推知，受到政府管制的早报前身，是难以对中国表达倾向性的。

---

① 王慷鼎．新加坡华文日报社论研究（1945—1959）．新加坡：新加坡国立大学中文系汉学研究中心，1995.149，157

② 王慷鼎．新加坡华文日报社论研究（1945—1959）．新加坡：新加坡国立大学中文系汉学研究中心，1995.185～205

早报倾中并不是一贯的，在历史上它发生过变化。从“华”性上讲，它最多只是发生了从华侨到华人报纸的变化，也就是说，在早报的华文特性不变的情况下，它曾经反共，而今天又被认为倾向中共执政的大陆，因此，“华文特性”并不能为今天的倾中特征提供充分的解释力。

笔者在研究过程中，还遭遇到一种质疑，他们认为，今天的早报评论中，很多作者是居住在中国大陆的作者，因此，早报倾中就不稀奇了。笔者专门统计了早报评论不同地区作者发稿量以及倾向特征，参阅表 3 – 10，现将这一数据以图的形式展示如下。

从中国大陆作者的稿量来看，虽然它排名第二，但是，在全部 530 篇评论稿件中，它只占到 20%，对于形成早报总体报道特征的全部稿件而言，中国大陆作者的稿件是无法起到主导作用的。

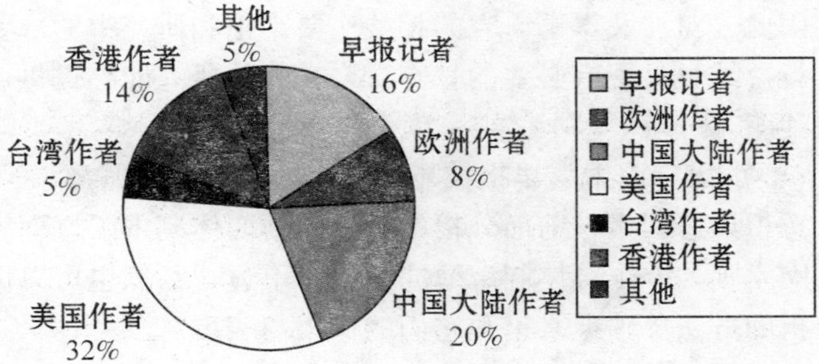

图 4 – 1　《联合早报》评论不同国家和地区作者发稿量比例图

早报的评论几乎都是由华侨或者华人（含中国大陆公民）所写，这能不能当作解释早报倾中的原因呢？在今天众多海外华文传媒中，并非所有的传媒都是倾向中国的，一些在海外的来自台湾的华人媒体可能并不倾向大陆；还有，流亡海外的“民运人士”、宗教活动人士所办的报纸也不倾中。早报的

“华文特性”不能充分合理地解释它倾中的原因。早报上华人作者倾向中国其实是早报编辑团队选择的结果，代表着新加坡新闻体制下早报的理念与考量。

二、对其他次要发现的总结

本书主要强调并突出了在涉及新加坡国家利益的国际问题上，早报报道倾向主要受到新加坡在该问题上的利益取向影响，这是不是说其他因素就不发挥作用了呢？严格分析法并不排除全面分析法的优点，在这里，作为补充，不妨设想并分析一下其他影响因素的作用。选择严格分析还是全面分析，要依据问题的具体情形来定。在多个自变量（原因）发生作用的时候，假如难以设定变量关系，又不能排除干扰变量，那就只能采取全面分析法。在某些问题上，假如多个变量可以经过排除、控制等处理程序，能够确定单个自变量（主要的）与因变量的关系的话，严格分析法就适用了。

因此，对涉及本书研究的相关次要结论和研究中的次要发现进行总结也是很有必要的，它对未来相关研究能够提供一些经验证明。

（一）媒介因素、早报技巧与倾中印象的部分假象

意识形态因素在前面分析中被纳入新闻体制中了，而编辑团队因素则是一个被体制束缚的因素，不过，我们也可以以历史分析的方法单独地来审视它们的作用与表现。

1. 意识形态因素

从主题分析中不难发现，影响媒体报道的媒介因素的作用得到显现。新加坡虽然是一个英语文化逐步占据主导地位的国家，但其政治意识形态仍处于李光耀政治遗产的影响下。早报记者在涉及人权问题等带有一定的政治意识形态色彩的问题上，回避评论的现象十分明显。产生这种特点的原因是多方面的，但从媒体所处的政治与社会环境分析，它首先是新加坡在意识形态问题上的立场的反映。在意识形态问题上，新加坡与

西方的观念差别较大。这种客观存在的政治与文化意识形态，如同西方社会的文化意识形态会对新闻报道产生影响一样，也影响着《联合早报》对中美关系的报道倾向和立场。

2. 编辑团队：体制束缚下的表现

新闻环境对媒体的影响是通过编辑团队，即把关人来实现的。在影响媒体报道倾向的诸多因素中，编辑人员个人以及个人所构成的群体特点是一个重要的影响因素。这种影响因素实际上是媒体与社会的关系的延伸，具体操作媒体运转的是人以及由人组成的团队。这个团队必须服从一定的办报原则，包括报纸的定位、官方的新闻管理制度，同时，编辑团队本身也必须接受一套约定的且大致稳定的编辑思想。这种编辑思想的形成与编辑团队的人员的思想倾向是分不开的。早报的核心团队是由新加坡公民组成的，他们是早报办报思想的制定者。新加坡的报业高层负责人一般都经过了官方多年的考察，他们从思想上能够较为主动地执行官方意志。从前述关于社会文化对记者和编辑的思想影响的分析逻辑出发，早报的办报思想和把关原则可看作是新加坡政治、文化对办报人影响的结果。

因此，从统计部分可以发现，早报在最为敏感和“大是大非”的问题上，立场毫不含糊。由于新加坡在这些报道主题上与中国存在共同利益，因此，把关者维护新加坡利益目标也就可以通过直接反映中国利益和立场来体现了。统计所显示的倾向性与作者来源的关系，倾向性与主题分布的关系都不是偶然出现的，这些特点都体现出新闻背后的制作者的“有形的手”的作用。这些“有形的手”，又是在国家的新闻体制管控下工作的。早报记者和编辑在有意无意中，对新闻报道的来源、评论作者的倾向与来源施加了控制。

3. 报道技巧：加深倾中印象

新加坡政府管理最为严格的是国内政治与族群问题的报道，它不允许媒体过分批评国内政治问题，或作可能引起族群冲突的报道。在国际问题上，新加坡政府给予的报道自由是相对宽松的。即便如此，早报的大多数负面报道和评论，要么来自编写的外国电讯或转载文章，要么是国外作者的评论，如早报记者总共只发了7篇倾向美国的评论，只占全部倾美评论55篇的12.7%，这样一种新闻来源与评论稿源特点，给中国读者和相关新闻管理机构的印象是积极的。也就是说，当中国读者和管理机构阅读到关于中国的负面报道或者是倾向美国的评论时，早报负面评论对人产生的冲击力会因此减弱。这种策略的另一好处是，它不仅提供给读者多元化的观点，而且不至于使自身陷入刺激倾中读者（包括部分中国读者）的境地。从表3－4，我们可以发现，早报记者的采访稿比中国大陆来源的稿件之外的任何稿件都要倾中（其他类出外），这样，中国读者印象中的早报倾中的印象就因此被加深，而往往忽视了转载的负面报道稿件同样是负面报道。早报具体新闻报道和评论把关原则可以概括为：在对中国而言属于敏感的问题上，早报记者多发倾向中国的稿件，倾美报道和评论多使用国外新闻来源或评论员的稿件；要么回避报道和评论，仅仅转发或编写外电（讯）。

（二）其他次要因素在早报中美关系报道中的地位和影响

回顾前面的问题，为什么不经过认真分析就难以回答“早报为什么倾中”这个问题呢？主要问题和障碍就在于方法论的运用。在不分主题特性的情况下（如是否涉及国家利益），导致早报倾向产生的原因是多方面的（多因），试图用一两个原因来回答早报倾中就很单薄；在能确定根本原因（单因）导致倾中结果的时候，试图用全面分析方法继续给它增加原因，只会导致理论臃肿，从而掩盖了结论的精华所在。以下影响因素可能发挥着很微弱的作用。

（1）中国的政治体制和新闻制度的刚性要求。众所周知，中国也是一个新闻管理非常严格的国家。中国政府历来重视国外媒体对中国的报道，并常常将这种报道看作是这个国家的政府或者是社会对中国看法的某种间接反映，所以，早报对中国的报道很自然地会被当作是新加坡官方意志的某种折射。新加坡政府是否会考虑中国政府的感受与反应而特别引导媒体报道呢？这是一个值得调查和进行实证研究的问题。

（2）负面报道美国对新美关系不构成危害。美国是一个新闻自由的国家，媒体批评政府、个人批评国家都是“美国式”言论自由的一部分，全世界批评美国的媒体也不胜枚举，美国一般不会因此而采取任何对抗行为。虽然新加坡在间谍活动问题上没有很直接的国家利益牵涉，在安全军事关系、在经济上与中美两国都有密切的联系，但是早报评论（所有作者集合）仍然可以无顾忌地批评美国而不用担心负面后果。

（3）在主题分析中，关于间谍问题的报道没有很好地得到解释，这里笔者想提出供参考的因素是民族感情和种族感受，即华人在美国受到歧视和带有敌意的怀疑，因此早报在民族感情上还是倾向于支持中国的。

第四节　讨论：通往理论建构之路

提出“理论建构”这个宏大的叙事词汇，很容易被认为自不量力。事实上本书的意图不在建构一个确凿的理论，更遑论政治传播学派级的理论了。本书只想通过现有的努力，为未来国际政治传播学理论大厦贡献一块砖瓦，是故，本节取名“通往理论建构之路”。

国际传播学是一个集新闻传播与国际关系两大学科于一体的跨学科专业，这个专业的新兴特点，它的跨越性使得关于它的研究还不深入，在这个学科还没有形成较为成熟的理论。

然而，我们要避免将理论神秘化的倾向，总认为理论属于世界级大师的独门秘笈，普通学者就毫无置喙的可能；同样，我们也不能将理论复杂化，好的理论的基本特点就是简洁，而且它们也往往诞生于普通的事理和经验。回观国际关系理论的建构，首先都是基于对国际关系常见现象的经验总结。现实主义强调权力（实力）的作用，新自由制度主义对权力与相互依赖的解释，建构主义对所谓认知的描述，这些都不是费解的天书。在中国古代的一些贤哲的著作中，我们早就可以发现这些现代理论的雏形，有学者认为，法家对权力的重视与现实主义的主张就有共通之处。①

本书的结论，《联合早报》在中美关系报道中倾向生成（如倾中表现）主要是由新加坡在中美关系中（与美国不同）的利益取向所致——同样并非一个玄妙的论断。科学研究很重要的一点在于研究过程的严谨和方法的科学性。对于一个跨学科问题而言，本书结论对于建构国际传播学的理论应有其特殊的价值。国家利益论在国际关系学界是一个基础性理论，关于国家的对外决策理论也多与这个理论联系在一起。国际关系中关于国家的决策理论已经形成一个理论系列。② 所谓决策就是在存在着不确定性因素的备选方案中作出选择的行为。新加坡媒体在报道国际问题时，不单单是一个普通的市场单位，它是一个被政治化和社会化的角色，在服务国家利益对其作出要求和其他多种因素共同发生作用的时候，也意味着它面临作为一个非国家行为体的决策问题。本书的统计，变量提取和设定，由常见的早报倾中现象所引起的疑惑并进行研究的目的，除了为了回答"早报为何倾中（在中美关系上）"这个无法简单回答的简单问题之外，还有着探索威权制度下媒体在涉及国家利

① 笔者2006年7月参加了清华大学国际问题研究所举办的"中国古代国际政治思想：问题与借鉴"研讨会，曾获其益，参阅漆海霞."中国古代国际政治思想：问题与借鉴"学术研讨会综述.世界经济与政治，2006（11）；叶自成，王日华.春秋战国时期外交思想流派.国际政治科学，2006（2）

② ［美］詹姆斯·多尔蒂，小罗伯特·普法尔茨格拉夫.争论中的国际关系理论.阎学通，陈寒溪等译.北京：世界知识出版社，2003.584～661

益问题时的决策模式和作用效果的成分。

从认识论上看，科学主义和历史主义（经验主义）在此可并驾齐驱。选择哪种研究方法，关键看所研究的问题的特征。科学主义对可操作性、可重复性和可检验性的重视并不必然否认历史主义在“依靠判断、直觉和洞察力，依靠历史知识甚至是个人的经历，依靠对事务的基本性质的‘质’的一面的深刻感受的价值”。[①] 在本书数量统计之后，仍然需要借助人的经验诠释。

很多学者从政治经济学角度来研究国际信息生产、交换和消费对国际政治、经济、文化和社会环境的影响，提出了种种理论。关于威权国家的媒体研究，其最主要的问题是“谁掌握、谁控制和谁操纵媒体，什么样的社会政治和经济排列造成社会传播媒介的特点？在社会中媒介起什么作用？媒体传播的是什么思想、价值观、观点、概念和信仰”等。[②] 在新加坡的威权体制下，媒体为国家管控，媒介在涉及国家利益的问题上所起的作用是反映官方立场，维护国家利益；它所传递的思想和价值观等则必须与社会的主流一致。葛兰西（Anotonio Gramsci）认为，社会中的支配人群，有能力对社会实施智力和道德的引导，对于统治阶级而言，掌握权力更有效的方法，是通过文化产品的生产和销售产生的意识形态的控制，建立集体意志。[③] 这一带有批判色彩的言论，其实可以很好地用于描述新加坡威权体制下的媒体文化角色和政治经济学角色。

新加坡的媒体虽然受政府严格管制，但是这种管制不是直接的，而是通过政策进行宏观管理，媒体因此必须具备自己的把关标准和敏锐的判断意识。因此，这里还要确立媒体在受控

---

① 王逸舟. 西方国际政治学：历史与理论. 上海：上海人民出版社，1998. 99

② 关世杰. 国际传播学. 北京：北京大学出版社，2004. 94

③ 关世杰. 国际传播学. 北京：北京大学出版社，2004. 94

环境下，在传播与国际关系交叉研究中的主体地位。

至此，本书试图建设性地提出一个威权国家媒体与国家利益的理论模式：媒体被政治化、社会化，具有内化的国家人和理性人角色，在参与国际关系报道的过程中，它们必须发挥既有的知识和能动性，对国家利益取向作出经验判断。

当然要总结出威权国家媒体报道与国家利益关系带有理论性质的结论，单单靠一篇实证论文是不够的，正是因为如此，对于看似熟悉的威权国家媒体报道特点，还需要更多学者继续进行实证和总结。在美国学术界，对媒体有维护国家利益的现象已经是主流判断，但是对它的实证研究仍然在继续，新的成果不断地添加到这个问题的“结论库”中来，不断地丰富着构建理论性结论的基础。

由于本书研究选取的是一个较有代表性的威权国家的代表性主流媒体，因此本书的结论和发现，也可以谨慎地推广到类似于新加坡这样的威权国家的媒体报道与国家利益的研究中去。虽然不同的威权国家的新闻体制、国家利益和报道特点会呈现出不同的作用途径和发生程序，但是，很多共性的特征也一定存在于本书的结论和发现中。

理论从来都是有着缺陷的，好的理论不过是解释力度大些，适用的疆域相对广泛一些，不能因为一个理论有可被攻击的地方，就否认这个理论的价值。从国际关系理论的历史发展脉络看，从现实主义到自由主义，从新现实主义到建构主义，从历史主义到科学主义，理论、方法之间不断推陈出新，但新的理论并不排除旧的似乎有些“限度”的理论的价值，它们仍然以有缺陷但互相补充的形态在它们各自的领域发挥着强大的影响力。

本书的探讨或曰试图建构的理论，同样是有限的。关于它的理论探讨完全是建设性和讨论性的，它绝对不是一个完美的答案。本书只是依据科学实证的方法，力求以严谨的求证精神，探索一个威权国家媒体国际报道倾向生成的机制，同时奉献一块铺垫通往理论之路的砖石。而运用全面分析的方法或曰完全历史主义的分析方法，研究本书也许同样可行，但结论的面貌和启示会有较大区别。

第五节　启示与借鉴

对于这一经由理论分析、建模、统计、检验取得的发现，我们该如何将它用于促进海外华文传媒正面报道中国、提升中国形象的工作中去？这些发现，是否还可以用于更广泛范围内的促进国外媒体正面报道中国的工作中去？为此，我们必须分析它的适用范围、演绎结果和有效推理等问题。

一、在新加坡的适用与启示

虽然本书研究的是《联合早报》，但是它是新加坡的主流大报，与其他大报如《海峡时报》在所受的新闻管制方面较为相似，因此，早报国际报道倾向的生成机制可以合理地推而广之。依据上述发现，要促进新加坡媒体或者类似于新加坡这样的国家的媒体正面报道中国，中国方面可以着力的渠道有：

（1）中国可继续增进与东盟地区国家的安全互信，参与全球反恐行动，用行动显示中国和平发展的信心与决心。应该认识到，虽然普通国家对中国崛起将可能构成的所谓“威胁”没有霸权国敏感，但是，一旦中国失去这些国家安全上的信任，要恢复将比较困难。新加坡在安全上不认为中国崛起构成“威胁”，是中国可以继续做大做好的文章，这项工作有利于继续巩固中国在新加坡媒体中的正面安全形象和地位。

（2）在经贸关系上，中国应继续强化合作和利益纽带，积极参加国际经贸体制，做守信用、负责任的大国。经贸利益是促使新加坡媒体正面报道中国的重要原动力，而正面的中国经济形象也将进一步促进中国的国际参与信用。

（3）在意识形态方面，中国可努力的空间不大。从倾向生成结果看，新中在安全和经济方面的利益契合和共性没有使得早报在意识形态问题的报道上倾向中国。新加坡毕竟是一个区别于个人独裁或者是动员型独裁的国家，[①] 它有着高效的行政制度，有着明晰而务实的国家战略，有着“为人民负责”的好政府传统，因此，意识形态不可能成为它和美国等西方大国根本冲突的领域，并因此进行倾向于中国的报道。新加坡所聘用的高级官僚很多都有着西方名校的留学背景，它对民主和人权是高度重视的，新官方与西方国家在民主、人权等问题上的争议主要是关于实施的方式和手段分歧，而不是根本的价值和目标冲突。[②] 另外，由于对腐败等问题的极度关注，它对涉及中国政治治理方式、腐败等方面的报道较为直露。

从以上分析看，中国可从安全和经贸两条线着力，但不容乐观的是在意识形态方面中国难以有所作为。这种缺陷对于中国与非霸权国家的外交而言不会构成严重障碍，因为这些国家关注得更多的是与中国之间的安全和经贸方面的利益。不过，对于中国在西方的形象而言，情况就完全不同了。

二、在西方国家演绎性适用

本书的倾向性生成机制是基于新加坡这个威权国家分析得出的，它显然不能完全照搬到中国提升自身在西方媒体中形象的方略中去。从休梅克和里斯关于媒体内容产制影响因素的分析模型中，我们知道影响媒体报道的因素“可能包括意识形态、国家部门的指导意见、社会舆论的影响、社会民众的情感和倾向、广告商和社会团体、新闻单位的执行意见、新闻工作

---

① 孙哲对极权主义国家进行了多种分类和介绍，孙哲．权威政治．上海：复旦大学出版社，2004. 157 ~ 206

② 可参阅李光耀关于人权、传媒和民主的政治言论，李光耀．李光耀 40 年政论选．北京：现代出版社，1996

人员的个人倾向，等等”。[1] 但是，利益取向与报道倾向的作用机制仍然存在着联系，所增加的因素只是使得这一过程更为复杂化。

安全方面，西方大国极为关注中国崛起可能带来的所谓“威胁”，在意识形态方面，中国与西方差异太大，利益取向差异使得中国要想在涉及这些方面的中国形象上有所提升，中国可以直接着力的地方不多。中国和平社会化的理论困境解释了“中国威胁论”的理论根源，“中国威胁论”成为中国负面形象的主要现实来源，而意识形态差异是美国媒体负面报道中国的思维逻辑（何英）。“对于涉及人权、‘法轮功’、宗教和政治意识形态方面的事件，均采用意识形态非常强烈的攻击性口吻来报道。”[2] 由此可见，在提升中国在西方媒体的形象方面，目前可供选择的策略不多。

罗杰斯（Rogers）和迪尔林（Dearing）的议程设置的模型可以部分地解释这种作用过程。当把关人、主流媒体和重大新闻影响媒体的议程以后，[3] 媒体会影响公众议程，而公众又会影响政府的决策。反过来，政策又会对媒体议程产生影响。位于模型上下两方的影响因素也将进一步使得这一作用过程复杂化。也就是说，关于中国安全和意识形态方面的负面报道，不仅可以影响公众，而且可以进一步影响政府，而政府又会继续影响媒体的负面报道。关于中国的负面报道与政府政策之间形成了一个几乎闭合的恶性循环机制。

---

① 美国南伊利诺伊大学传播学院李喜根教授给笔者来信内容。

② 何英．美国媒体与中国形象（1995—2005）．广州：南方日报出版社，2005. 111

③ 在传播学中，议程是要考虑或付诸行动的事件的一个名单，而大众媒介的影响被称为议程设置效果。［美］约瑟夫·R. 多米尼克．大众传播动力学：数字时代的媒介．蔡琪译．北京：中国人民大学出版社，2004. 493

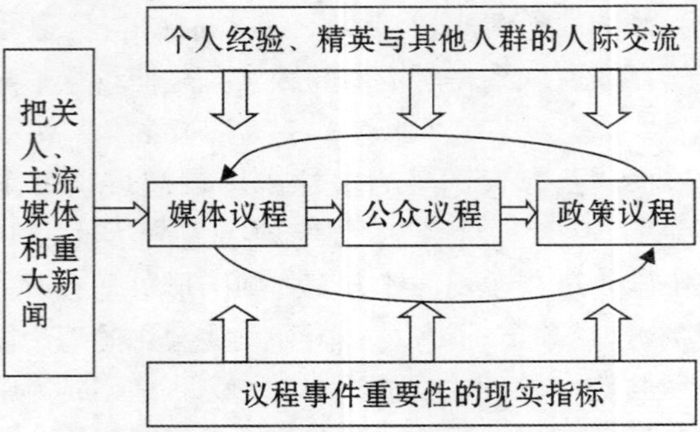

图4－2 罗杰斯和迪尔林的议程设置模型

来源：E. Rogers and J. Dearing，Agenda-setting Research：Where Has It Been，Where Is It Going?，*Communication Yearbook*，1988，Vol. 11，p. 555，转引自 Robyn S. Goodman，*Prestige press coverage of Sino-American relations from the Cold War's demise to the post-Cold War period*：*Reagan's final years to the Clinton administration*，1985 to 1993，PhD. Dissertation of Michigan State University，1997，p. 69

由此可见，与在威权国家不同的是，在西方国家，媒介的相对自由与作用因素的复杂化，使得中国要想改善关键的负面形象，至少在安全和意识形态方面难以有所作为。从短期来看，继续加强中国与西方的经贸联系，加强这一纽带对有关影响因素和社会力量的牵制作用，可部分起到削减对中国的负面报道的作用。西方媒体倾向生成机制的复杂化既有不利的一面，也有某些有利的一面。与中国有着重要利益关系的团体，因为自身利益的需要，可能发出不同于“中国威胁论”的声音，这些声音经由媒体平台转化，也能够对公众和政府产生某种积极作用。

有一种常见的认识认为，西方对中国存在误解、偏见，因此中国形象的提升重在改善传播手段，加大对外传播力度。事实上，中国负面形象的形成恰恰是因为西方媒体认为它们对中国“看得清”，目前还没有充分证据显示西方媒体的新闻真实性水平位居世界中下水平。这里并不是说，西方对中国根本不存在偏见和误读，而是说，若仅仅从传播方面去探索中国负面形象的根源，会是一种舍本逐末的行为。

传播学者在提升中国形象时，更多地是从国际传播方面，即手段和技巧方面去思考对策。[①] 笔者认为，中国形象提升工程应该从国际关系和传播两个方面入手。因为中国国家形象问题不仅仅是一个传播手段与技巧方面的缺陷问题，更是一个国际关系和外交两方面需要相互配合行动的问题。从本书以新加坡媒体为例的倾向生成机制探索中，我们可以发现，假如不明白这种利益作用机制，离开国际关系方面的探索，仅仅依靠传播方面的努力，提升中国形象的工作就难有成效。

本章小结

本章用诠释的方法分主题对早报的中美关系报道进行了分析，使得数据化的信息更加真实，从细节解读中发现了更多区别于感性判断之外的，关于早报报道的特点。主题分析基本证实了《联合早报》在中美关系上倾向是由新加坡在中美关系中的利益取向决定的，二者基本存在内在一致性和逻辑联系。也就是说，新加坡媒体国际报道倾向机制经检验是成立的，国家利益取向在媒体国际报道倾向上发挥着主导作用。

通过本章的分析，可总结出早报倾向中国的原因：和平、稳定的中美关系、地区环境有利于新加坡利益的实现，而在对华关系中，新加坡与美国的利益诉求差别甚大。从表面上看，美国是导致中美冲突的一方，因此，早报倾向于支持中国，维护和平，推进贸易自由化，早报因而也较多地显现了倾中的特征。

---

① 程曼丽. 国家形象危机中的传播策略分析. 国际新闻界，2006 (3)

新加坡各项不同利益取向具有一定的独立性和关联性，共同利益没有导致文过饰非。早报报道具有一定的策略：早报记者本身在多数主题上多发倾中稿件，而倾美稿件多转发外稿或者约稿。由此可以加重中国读者早报倾中印象。

中国形象提升工程应该从国际关系和传播两个方面入手。从本书以新加坡媒体为例的倾向生成机制探索中，我们可以发现，假如不明白这种利益作用机制，离开国际关系方面的探索，仅仅依靠传播方面的努力，提升中国形象的工作难有成效。

结　语

本部分将回顾全书的主要内容，包括统计发现和结论；分析本书结论的启示和借鉴意义；指明本研究的有限之处；提出可供其他研究者作进一步研究的问题与方向。

一、本书的研究成果

在中国崛起的过程中，西方媒体对中国进行负面报道的现象严重，而《联合早报》作为一个外国主流媒体却被传倾中，这是本书探索新加坡媒体（早报）倾中生成机制，希望从中找到某些具有政策参考价值的规律的原因。

（一）本书的研究发现

基于有关传播学、国际关系理论和详细的内容分析与统计，本书主要发现可归纳如下：

（1）通过抽样选取早报中美关系的新闻报道和全选该专题的所有评论文章，并进一步对它们进行内容分析，本书总结出早报中美关系报道的倾向、主题分布和其他一般特点。它的贡献在于：早报新闻与评论对中国的倾向性差异很大，新闻基本平衡，显示了客观、中立的新闻精神；评论部分在安全和经贸领域明显倾向中国，但在意识形态问题上对中国的评论略偏负面（包括一般中美关系中的有关负面报道）。另外，早报采取的关于中国的负面报道（倾美稿件）多用外稿或约稿的方式，减少了早报记者发负面稿的机会，因此会加重中国读者早报倾中的印象。

（2）本书分析了一些常见的关于早报倾中的不准确认识，并从传播学理论出发，分析、整合并提炼出核心自变量（原因），建立了新加坡媒体国际报道倾向生成机制模型。在这个模型中，国家利益是自变量（主要原因），新闻体制是加强变量，早报报道倾向是因变量（结果）。

（3）本书分析了中美关系的理论困境与中美关系冲突，分析了美国的对华利益取向。另外，本书还分析了新加坡在这一困境和冲突中的利益取向所在及其与美国取向的差别。

（4）本书分报道主题逐个检验了新加坡国家利益取向与早报中美关系报道倾向间的关系。在多数主题上，本书的影响因素作用模型是有效的，在间谍活动问题上，需要作进一步分析，寻求更合理的解释。

（二）本书的结论

（1）从微观层面上看，新美不同的对华战略利益取向是导致早报在部分主题上出现倾中现象的主要原因。由于美国要遏制中国的崛起，而新加坡反对遏制中国、注重大国平衡、地区稳定、推进中国融入国际经贸体制等小国（大）外交的考量，这种不同的利益取向是决定早报报道在部分主题上倾向中国的主要原因。

（2）从中观层面看，国家利益取向是新加坡媒体国际报道倾向的主要决定因素，前者对后者有着明显的生成作用。这一结论可以用于解释与新加坡类似的威权国家的媒体国际报道的特点与倾向成因。具体而言，本书所探索的新加坡媒体（联合早报）倾向生成机制可以归纳为，在新中有契合或共同利益的安全和经贸领域中，《联合早报》报道倾向中国；在没有共同利益的意识形态领域中，早报未生成对中国的显著倾向性（包括倾美），新中在安全和经贸方面的共同利益没有导致早报在意识形态问题上倾向中国。具体可以描述为：①新中契合的安全利益取向生成在中美安全关系上对中国的倾向性；②新中共同的经贸利益取向生成在中美经贸关系上对中国的倾向性；③新中同中有异的意识形态取向表现为略偏负面的报道；④新美共同的安全利益生成在某些事务上对美国的倾向性；⑤新台特殊利益关系生成相对平衡报道；⑥在安全问题上，在对新加坡安全影响越大的事件的报道上，早报倾向中国的程度越高。

（3）从宏观的促进新加坡媒体正面报道中国的战略看，中国在安全和经贸方面有可以着力的机会，而在意识形态方面，无论是在新加坡还是在西方大国，中国可努力的余地较小。从长远来看，这也是中国形象的危机所在。

本书论证的成功使得我们能够更加准确地对威权国家媒体国际报道的倾向生成有着更细致和真切的认识。它使得关于威权国家的“国家利益决定媒体报道倾向”的认识由经验判断上升为实证结论。

本书结论最直接和最重要的意义在于它探明和验证了以《联合早报》为代表的新加坡媒体在国际报道上的倾向生成的机制，明晰了中国可以着力的渠道，能够为中国制定有关提升中国形象的对策提供参考。

总之，在中国提升国家形象的系统工程中，需要传播学和国际关系两个领域的研究和行动。从学理上，学术界应针对不同国情下的媒体运转机制，探清它们的倾向性生成机制，然后再辅以相应的公共外交和传播行为，才可有的放矢地为提升中国形象的目标服务。

本书还将1999—2006年的中美关系置于中国和平崛起的大背景下进行考察。无论是中国政府还是民众的主体，都有着维护国家利益，表达中国利益立场的愿望，早报对中国的报道立场因此有着更突出的时代意义。中美关系的主题大多都是涉及冲突的主题，在这些冲突性的问题上作更多的倾向于中国的报道，能够对新加坡读者产生一定的积极影响。在中国读者群当中，正面与负面报道兼有但以倾向中国的报道为主的媒体能够取得它们更多的认同。

从构建中国形象的角度看，早报总体上倾向中国的特点对于树立中国的正面形象有积极作用。关于发挥媒体作用，提升中国国家形象的研究，国内已经出现较多著述。[①] 海外华文传媒在提升中国形象的工程中作用不可小视，本书对早报的研究算是一次初步的探索。

---

① 代表作有：张昆. 国家形象传播. 上海：复旦大学出版社，2005。另外还有较多论文，例如，程曼丽. 国家形象危机中的传播策略分析. 国际新闻界，2006（3）；王希. 有关中国国际形象的思考. 国际新闻界，2000（1）

二、本研究的有限性（limitations）

本书的研究设计是基于对涉及新加坡国家利益问题的报道的检验，在间谍活动问题上，新加坡利益取向不明，本书模型不能对之加以验证。在间谍活动问题上，本书的倾向生成模型未能发挥很好的解释力，这个检验中的例外意味着在这个新加坡利益相对牵涉不多的问题上，其他因素在发挥着更大的作用。至于这个未知原因或者因素到底是什么，在本书的研究条件和框架下暂时无法很好地回答，必须展开调查或新的研究过程。

本书的模型存在有限性是基于科学主义而言的，它是指任何理论和模型都有自己解释力的限度和适用的疆域，并非指本书结论有问题。

以科学主义的精神来衡量，本书的结论可能不是最好的，更不是完美的，它只是比没有统计的、单凭阅读来判断一家报纸在某个特定主题上的报道倾向要可靠得多，它也比单凭印象和经验来分析一家报纸产生某种倾向的原因要更加严密，或者说，本书为经验判断提供了实证，并且回答了一个经验感受背后的根本原因。这是基于科学研究方法，在现有条件下能够获得的较好结果。

实证型论文的选题很多都是攻克一个个案或者问题。这些论文往往是从小处着手，力求真正有所突破。虽然本书的研究结论只能在一定限度内适用，但是，它是一个经过了较为严格检验和证明的结论，可信度要比那些涉及同类传播学问题研究，但没有统计，或者统计不够专业，或者根本没有建立因果逻辑发生链条的所谓因果判断的论文要高一些而已。从这个意义上讲，一个相对坚实的结论比无数个宏大但未经过严密实证的结论要有价值。

在不涉及国家利益的问题的报道上，研究者需要进行更加复杂的内容分析，其变量控制和排除也更加困难。有兴趣者，可以继续研究和探索。

三、可作进一步研究的问题和有关提示

总结本书研究，它提供了以下几个方面的启示：

（1）没有遵循科学研究方法和传播学研究方法的新闻与国际关系跨学科研究，有信度不高的风险。只要涉及对一定时限内，一个国家的媒体或者一个媒体报道特点的研究，应该遵循传播学和国际关系的科学研究方法。

（2）凡涉及对媒体报道的研究，若要进一步分析这种报道特点产生的原因，或者分析它可能产生的影响，必须进行媒体内变量与媒体外变量的关系的认定和逻辑链条构建。单纯的媒体报道内容是不能说明动机的，结合所谓历史的，文化的原因进行全面分析勉强可以说得通，但无法达到严格分析语境下，对根本原因进行探索的目的。

（3）运用经验来进行研究和分析未尝不可（尽管它有时不太可靠），历史分析法也是一种重要的研究方法，但是，学术界同样需要有人为人们的经验判断提供实证，这样，经验判断就可以成为人们更加坚定地引用的依据。比如，秦亚青的博士学位论文《霸权体系与国际冲突》就是为一个不难理解的经验提供了实证。[①] 凭着经验，我们仅选取一些范例就可以发现美国在国际武装冲突中支持哪一方，一般应该支持实力接近自己的挑战者的敌人，这其实也与生活中某些人的人际关系经验相似。但是，经过秦亚青的定量分析和实证以后，其他学者再谈及美国在国际武装冲突中的行为的时候，就可以摆脱没有完全把握的经验，大胆地引用秦亚青的论证来支持自己的观点了。引用经过实证的结论是相对安全的。

（4）在诸多问题上，早报都持倾向中国的报道立场，这种媒体立场对于读者有什么影响和作用，对于中国在华人社会的影响有什么意义？这对于中国的国际形象建设又能发挥什么

① 秦亚青．霸权体系与国际冲突．上海：上海人民出版社，1999

作用？如果能继续对这些问题分专题进行系统研究，对海外华文传媒传播效果进行实证分析，将可发现更多具有政策参考价值的结论。

（5）倾向性与国家形象好坏大体相关，但是，这种关联在意识形态领域并不一定如此。拿早报在意识形态问题上的报道而言，虽然表面平衡，但是负面报道效果和形象塑造作用肯定要强于正面报道。关于意识形态问题的是非，在目前世界上多数国家都有相对固定的属于自己的判断标准，平衡的报道不一定能带来中性的形象。这也是一个值得继续研究的问题。

（6）可采取完全数量化的自变量（国家利益），如对新加坡的贸易额、军费开支等实现操作化，探索它和报道倾向之间的关系。

本书主要分析了报道倾向与国家利益的关系的问题，在文本分析的基础上，还可以对文章的修辞、句法、关键词的使用等进行统计分析，以便进一步揭示早报对中美关系的报道立场和特点。

关于如何提升中国形象，国际关系学者如果能够运用自己的国际关系理论优势，同时结合专业的传播学分析，可以继续探索美国报纸倾向生成机制。在这个领域，现有的国内研究缺陷较多，国际关系学者大有可为。

附录：内容分析和统计

由于本书采取了内容分析法（content analysis）[①]，涉及的具体细节问题较多，为详细说明统计结果的由来，专设一章对本书的研究方法、研究过程进行具体说明很有必要。本章主要讨论本书的研究路径、内容分析的步骤；变量的解释与定义；编码的步骤和统计的方法等问题。

对新闻报道进行研究，传播学界采取的常用方法之一就是内容分析法。它要求研究者按照一定的标准，对所研究的文章内容进行阅读和编码（coding）。内容分析法是在特定的情形下，对传播信息进行分类和描述的一种基础的定量研究方法，也是一种用于进行可复制且有效的推断的研究方法。[②] 也就是说，一个研究者参照一定的标准来进行编码和赋值，另外一个研究者在遵照相同的标准和步骤来进行编码的情况下，应可得到相似的结果。

一、研究时段与数据来源

本书研究的中美关系报道时段起自 1999 年 5 月，终止于

---

① 在美国，依据科学实证的要求与规范，凡涉及媒体研究，并采用了内容分析法的学位论文，关于内容分析大多采取专门的一章在正文中加以说明。本书将内容分析法一章放到了附录中。这些内容都是科学实证研究必不可少的，它的目的就是让读者明晓本研究的过程和信度，绝对不可因“显得累赘”等原因加以删除。

② Gerianne Merrigan, Carole Logan Huston, *Communication Research Methods*, Belmont, CA: Wadsworth/Thomas Learning, Inc., 2004, p. 134

2006年12月，时间长达约7年6个月。选取这一时段的中美关系报道作为研究的对象的原因在于：①1999年5月8日发生的中国驻南斯拉夫联盟使馆被炸事件，是冷战后中美关系中的首次重大冲突和危机事件。它从实质上改变了中国的对美安全观念，尽管从表面观察，中美之间没有停止寻求涉及共同利益的合作；②从时间长度上看，七年半的时间在众多关于新闻传播的研究中是一个不算短的时段。在这七年多时间里，中美关系经历了美国民主党和共和党两党政府的更迭，共和党布什政府实现了连任，从美国政治来说，这段时间可以划分为三个时段。另外，在这一时期，中美关系经历了数次重大（危机）事件的冲击和影响，如科索沃战争、使馆被炸事件、中美南海撞机事件、“9·11”事件、伊拉克战争、朝核六方会谈、中国入世（WTO）、布什连任等重大而密集的事件。因此，这七年半的时间能够提供足够多的与当前中美关系、中美新三方关系有关的最新研究素材，其研究结果能够最为真实地反映当前的现实。

本书所选取的内容分析的对象，《联合早报》的中美关系的新闻报道和评论取自该报电子版中美关系专题部分。[①]

从电子版下载文章进行研究给研究者带来了极大的便捷性。如果没有电子版，要对这七年半时间内的中美关系报道的文章加以收集，必须到图书馆过刊库逐份翻阅，其工作量之大可想而知。早报电子版内容以印刷版母报内容为基础，本书分析的文章全部为出现在印刷版的文章。

艾德尔斯坦（Edelstein）注意到，在传播学中存在着一个精英传播（elite communication）的世界体系，这一体系是通过那些为本国（立场和利益）言论，并且对外国精英读者提供言论信息的“精英”（elite）或“主流”（prestige）媒体表

① 《联合早报》电子版中美关系专题报道：http：//www.zaobao.com/special/china/sino_ us/sino_ us.html

达出来的。[①] 早报的海外读者多数都具有较高的学历素质，其中，中国读者中大约91%以上的人有本科以上学历（含硕士和博士学历）。[②] 从《联合早报》所拥有的影响力看，它在新加坡乃至中国大陆的精英读者中，也具备了所谓“主流”的地位。

二、抽样方法和数量

在《联合早报》中美关系报道专题网页上，从2002年1月至2007年1月（作者写作本部分的时间）的报道和评论的标题链接全部在一个页面上，页面底部还提供了从1999年5月至2001年12月的链接，即“2001年8月1日至2001年12月31日，2001年3月28日至2001年7月31日，2000年8月9日至2001年3月27日，2000年3月16日至2000年8月8日，2000年2月16日至2000年3月15日，1999年12月1日至2000年2月15日，1999年5月26日至11月30日，1999年5月8日至5月25日”。

笔者逐个打开这些分段网页链接，即可浏览到文章的标题列表。在下载这些网页时，可使用flashget软件。下载完毕后，将注释改为标题，这样，网页的名称就自动变成每个下载后的文章的标题了，从而为调用这些文章提供了方便。

全部文章篇数为2 696篇，其中含“论坛精选”文章200篇和少量转载自大陆媒体的，但又未出现在印刷版的文章。由此可见，这2 696篇文章中至少有2 490篇以上是在印刷版出现过的文章，电子版虽然在一定程度上经过了编辑人员的筛选，但其文章仍以早报印刷版为依托。

---

① Xigen Li, *The Effect of National Interest on Coverage of United States-China Relations: A Content Analysis of the New York Times and People's Daily, 1987—1996*, *PhD. Dissertation of Michigan State University*, 1999, *p.* 43

② 新南洋广告公司网站：http://www.newnanyang.com/Web2.Asp

显然，要对2 496篇文章进行逐篇分析工作量过于庞大，国外研究者对媒体报道进行内容分析的时候也通常采取抽样原则。最后，作者依据文章的内容和性质进行了筛选。具体原则为“重评论，轻新闻（报道）”。原因在于新闻一般不反映立场，只有内容偏向，而评论往往能够体现作者的意图、倾向，即使作者不是早报的工作人员，但选取他们为早报撰稿本身也体现了早报的办报思想。在抽样过程中，笔者对所有评论一篇不少地加以保留，对新闻报道采取大约每三篇任意选择一篇的比例进行抽样。在分析过程中，有少量文章因内容与中美关系差别太大，达不到本书要分析的目的，故被弃置不用。最后实际分析文章数量为：评论530篇，新闻报道466篇，共计996篇，占全部报道2 496篇文章的40%，抽样比例较高。

评论的判别：《联合早报》的电子版评论主要可以分为两大类：一是社论，打开网页后，社论文章有的标明了“社论”或者“早报社论”，有些则没有标明作者，也没有标明文章来源，从文字中可以读出社论体的风格，其实仍是早报社论；第二类是评论，主要作者包括约稿作者，《联合早报》记者或编辑以及读者来稿。判别他们的依据主要在于这些文章是就特定的中美关系问题发表建议和评论，或者分析问题的原因和趋势，或中立客观，或带有倾向性，不具备新闻报道所具有的基本只陈述事实，而不发表观点的写作手法和文体特征。

新闻报道的判别：在剔除了评论文章之后，其余所有关于中美关系事件的一般新闻——不反映作者观点的文章，基本都属于本书所指的新闻报道了。其类型主要有早报记者采写文章，转载外电文章以及依据外电文章和作者收集的资料编写而成的“讯”和“电”类文章。这些文章只是客观地报道事件的基本事实，即通常意义上所说的新闻报道。

三、操作变量的定义

（一）日期

日期是指文章刊登的日期，来自印刷版的文章的日期与电子版文章的日期是一致的。日期可以为分析时查找文章提供方便，以数字形式来标明年月日，如 2005 年 10 月 6 日标注为 20051006。

（二）主题类别

主题类别是指文章主要内容所涉及的问题性质，比如政治、经济、社会文化等。它分为两级，一级分得较为宽泛，二级则分得更加细致。一级主题包括：①政治、安全、军事；②经济贸易；③宗教、民主民运、意识形态等；④社会、教育和其他。

二级主题包括：①一般中美关系（多主题）；②重大安全冲突事件（炸馆、南海撞击）；③其他安全、军事关系；④台湾；⑤间谍活动问题（李文和案等）；⑥宗教、人权、民主（运动）、民主人士等；⑦中美贸易和经济关系；⑧美国的海外战争、干预行动，比如科索沃、伊拉克、反恐等；A、社会事务关系（如体育，教育等交流）；B、非法移民；C、西藏问题；D、中美技术转让争端；E、中国政治，内政；F、中美在国际问题中的参与（如朝核问题，朝鲜南北会谈）；这里所用的数字和字母为判定文章主题类型时所用的代码（下文同）。

在二级主题中的①、②、③、④、⑤、⑧、⑨、C、D、E、F 大体都属于一级主题中的“政治、安全、军事”类。二级主题中的⑥与一级主题中的“③宗教、民主民运、意识形态”一致；二级主题中的⑦与一级主题中的“②经济贸易”一致；二级主题中的 A、B 则属于一级主题中的“④社会、教育和其他”类。将主题分为两级目的在于，如果一级主题过于宽泛，不能发现早报在特定问题上的倾向或立场，可以通过二级主题统计早报报道立场或者倾向。

（三）作者背景、文章来源

作者背景和文章来源主要反映每一篇文章是由哪个单位、部门或者地区的作者所写，或者指文章是转自哪个国家的媒体。

新闻报道类文章的作者来源种类主要有：①《联合早报》记者和编辑；②中国大陆媒体；③美国媒体；④欧洲通讯社媒体；⑤中国大陆综合电讯、美国媒体综合电讯、欧洲媒体综合电讯、香港综合电讯等。例如，假如文章标明了作者名字，且标明了身份，如周锐鹏（北京特派员）、符祝慧（东京通讯员），则标注为①。如果有些文章没有标明作者身份，但通过在网上搜索后，查明作者为早报退休人员或者是资深编辑的，则该文也标注为①；如果一篇文章标明为香港新华社电，则该文标注为②；华盛顿美联电标注为③；华盛顿路透电标注为④。

评论文章作者来源种类主要有八种：①联合早报记者编辑（含已退休人员）；②约稿作者位于欧洲、澳洲、加拿大；③约稿作者常住中国大陆；④约稿作者常住美国；⑤约稿作者常住台湾；⑥（约稿）作者：未标明地区或无法查证其身份背景；⑦约稿作者常住香港；⑧约稿作者常住新加坡（但不是早报工作人员）。

（四）中美关系状态

这个概念定义为文章所反映的中美关系的状态，分三级进行标注：①为积极乐观合作状态；②为负面、悲观或冲突状态；③为不易确定的状态。如果文章反映的是两国之间会谈、合作或达成共识，相互表示肯定的评价，或对中美关系持乐观的态度，则该文标注为“①”，即中美关系状态良好，文章内容透露出积极、乐观的信息。如果文章主要内容是关于冲突问题的，反映的关系状态是冲突性的，或者表现出对中美关系的负面悲观看法，则该文标注为“②”。如果文章透露出的信息和内容既不是乐观的或悲观的，也不是正面或者负面的内容，则标注为“③”。或者，一篇文章既谈及中美要合作，又反映了中美关系冲突性的问题，这两种倾向处于相对平衡的状态，则也要标注为“③”。

例如，标题为“美华人联署支持中美贸易协议”[①] 中，谈及中美达成贸易协议，这本身是中美双方合作的结果，美华人对此支持，更显示了中美关系中较为积极友好的因素，故标注为“①”。在标题为“霍勒姆：美国多半仍会向台军售”一文中，虽然对台军售是中美关系中的冲突状态，但是文中讲到：

他说，中国对军控政策的支持是符合本身利益的，因此，他不认为中方会因为美国向台湾出售军火而采取不合作态度，进一步向第三国转移危险技术来报复美国，而违反自己的利益。[②]

这反映了美国方面有关人士对中美关系的看法明显较为乐观，故标注为“①”。也就是说，中美关系状态不是单单以标题来判断的，而是以内容的性质来判断的。在《台美重谈宙斯盾驱逐舰交易》一文中，讲到台湾将向美国购买军舰，中国方面对此表示关注，在该文中中美关系状态则依据文章主题来判断，军售问题是中美间的冲突问题，故标注为“②”。[③] 例如，在《美发表报告赞香港维持高度民主自由》一文中，文章虽然主要是关于美国对香港民主状况的赞扬，属于中美关系中的积极事件，但是，在文章末尾部分提及了一些负面事件：

（报告）注意到某些领域值得特别关注，包括对于法轮功

---

① 美华人联署支持中美贸易协议. 联合早报，2000－04－18

② 霍勒姆：美国多半仍会向台军售. 联合早报，2000－07－12

③ 台美重谈宙斯盾驱逐舰交易. 联合早报，2000－09－11

的“强烈言辞”反应。法轮功在中国大陆被禁，董建华说它是“邪教”，需要特殊监督。报告也批评香港政府在中国国家主席江泽民访问香港期间，禁止100多名法轮功信徒入境的决定。①

这篇文章反映出，中美关系中合作与冲突并存，文章中关于中美关系的内容正面与负面兼有，故该文应标注为“③”。

（五）报道倾向或立场

这个变量在涉及新闻报道类文章时与涉及评论文章时概念略有不同。在规范的新闻报道中，区别于评论的新闻内容则基本上只陈述事实，不表达观点。因此，在本研究中，新闻报道的“倾向”就是指文章所报道的内容对于中美双方任何一方的积极或消极作用。假如一篇文章主要报道A国（中美两国中任意一国）领导人的发言和有利于己方的观点，则该文应被判定为倾向于A国的报道。如果一篇文章报道了A国官方人士的发言和倾向性观点，又报道了B国（中美两国中任意一国）官方的反驳性言论，则该文应被判定为“平衡、中立或中性”。如果A国官方发表赞扬支持B国的言论，则该报道倾向于B国。

在评论文章中，假如作者的观点倾向于赞扬、支持某国，或为该国提供对策建议，则该文倾向于该国。假如文章只客观分析问题发生的原因，且在分析原因时不包含对任何一方的批评或赞许，则该文的立场或倾向为“平衡、中立或中性”。假如文章既批评或赞扬了A国，又批评或赞扬了B国，全文通观对两国的支持或反对的程度基本平衡，则该文的倾向和立场应标注为“平衡、中立或中性”。有些文章只是单纯负面报道A国，而这一负面报道对B国没有正面效应，则该文标注为“单纯负面报道”。

① 美发表报告赞香港维持高度民主自由．联合早报，2000－08－10

在新闻报道类和评论文章中，倾向于中国标注为“①”，倾向美国标注为“②”，平衡、中立或中性的文章标注为“③”，单纯负面报道中国标注为“④”，单纯负面报道美国标注为“⑤”。例如：

美国国务卿赖斯星期五表示，美国希望中国成为全球性的伙伴，在世界事务中担负责任、发挥能力。[①]

这篇新闻文章表达了美国对中国崛起的积极期待，实际上还暗示了某种支持，全文没有其他对中国的负面报道或者批评，故这篇文章的倾向应标注为“①”。例如，在《布什：期待中国遵守贸易规则》[②] 一文中：

他说：“一方面，美国认同中国是一个经济机会，而与中国打交道的最好办法就是表明，看看这些规则吧，我们希望你们遵守这些规则。”……布什表示，美国有义务提醒中国，“任何一个有希望的社会除享有经济自由外，也应享有宗教与新闻自由”。

这些都是针对中国的负面报道，给读者“中国在遵守规则方面还不自觉，需要监督”的印象，另外，文章中，布什还提及中国的宗教与新闻自由，这样的信息属于关于中国的负面内容：

在朝鲜问题上，布什表示，要说服朝鲜领袖金正日放弃研发核武器的最佳途径，是多一些共同的声音。他认为，中国在

① 赖斯：美希望中国的崛起能成一股积极力量．联合早报，2005－04－17

② 布什：期待中国遵守贸易规则．联合早报，2005－06－02

这方面可以成为美国的好伙伴。他表示，中国还可以在打击恐怖主义方面有所帮助。

虽然在该文章中也有布什对中国表示支持和肯定的信息，但是全文中，关于中国的负面信息要远远多于正面信息，因此，该文应标注为“②”（倾向于美国）。在这篇文章中，对中国的“负面”报道反衬了美国的“正面”，即“美国是一个遵守规则的，常常监督别国的国家，在人权方面也不遗余力地付出努力”。

以上是关于新闻报道文章的倾向判别的案例，下面再举几个评论文章的倾向判定案例。例如，在《慎重拿捏过境签证》一文中：

克林顿曾深有感触地说，对中美关系来说，李登辉确实是“麻烦制造者”。…… 在这种形势下，北京反对华盛顿为陈水扁核发入境签证，是理所当然的。陈水扁毕竟不同于已经下台的李登辉，他是在位的台湾总统，属于主张台独的民进党，对国际舆论、中美关系和台海局势一定会产生很大的冲击和影响。因此，华盛顿在处理陈水扁总统过境问题时，确实需要顾及中美关系的根本原则，不应再给人以无视“一个中国”原则的印象，更不要作台海和平的“麻烦制造者”。①

这篇文章清楚地指责了台湾方面在“制造麻烦”，并且清楚地指出，“反对华盛顿为陈水扁核发入境签证，是理所当然的”，文章的立场基本站在中国大陆方面，该文应被判定为倾向中国。

例如，在《美国的民主与霸权》一文中：

---

① 慎重拿捏过境签证．联合早报，2001－05－02

爱美国的道理是什么？一句话，民主。作为世界上最强大的民主国家，美国为许多中国人提供了一个理想、一种价值。恨美国的道理是什么？很简单，霸权。[①]

作者在本书中用主要篇幅探讨了美国和中国在内政与外交方面的优劣，在内政上，美国的确远远优于中国；在国际事务上，中国却比美国公道，没有明显的倾向性，但是文章最后的落脚点在于中国要学习美国。

中国要维护国家利益，必须抵抗美国的霸权。而抵抗的最好办法，是学习美国的民主。至于媒体，必须注意布什政府咄咄逼人的霸权外交，但也应看到，布什一上任，他的阁僚都被迫在价格最低的时候抛净自己的股票，即使损失上千万美元也在所不惜。这对于政企不分，企业公开送股票给官僚的中国，无疑是最好的一课。

这次撞机，美国人落入中国的手中。中国的媒体形容布什政府急得“如热锅上的蚂蚁”。殊不知，这恰恰是美国的可敬之处。尊重个人价值，使政府会为几个士兵的利益在外交上作出重大牺牲。也正因如此，美国政府才能赢得其国民自愿的效忠。而这一点却常常被东方的媒体所忽视。

这部分内容虽然是建言，但明显倾向美国，故应判定为“②”（倾向美国）。

如何准确地确定文章各个考查项目相应的编号对于本书的研究至关重要。“中美关系状态”和“倾向与立场”两个变量的评定是所有内容分析中最重要的工作，需要编码员用耐心和仔细的精神去处理。

① 薛涌．美国的民主与霸权．联合早报，2001－06－24

四、编码步骤

内容分析法在传播学研究中更为常用，国外传播学研究者在对国际新闻进行内容分析时，所考查的变量远远比本书要多，这是由他们的研究目的决定的。本书是一篇国际关系专业论文，主要希望通过对报道倾向的判定来论述国际关系问题。本书的研究目的决定内容分析只需要了解两个主要变量，这两个变量中“倾向与立场”变量最为重要，它决定着本书后面部分的写作和结论的得出。

本书的全部编码工作由笔者一人独立完成，在确定该对文章的哪些内容进行考查时，笔者阅读了多篇国外博士论文。[①] 结合本书的研究目的，在前述关于中美关系、新加坡国家利益等章节的分析的基础上，笔者确定了本书要考察的变量，如主题、作者背景或文章来源、中美关系状态和倾向性与立场等几个变量。

在开始正式编码前，笔者先抽取了大约50篇文章试编码。在这个过程中，可以了解主题大致有哪些类型，作者背景或文章来源主要有哪些，中美关系状态该用哪些标准去判断，倾向性与立场该用哪些标准去判断，这些标准是否会相互冲突。通过为期两天左右的试验，笔者不断完善编码的标准，使之尽量恒定，并加深了对这些标准的印象。只有牢固地把握这些标准，才能在编码过程中持之以恒地按照相同的标准去对不同的文本进行解读和判断。

在较为熟练地秉持上述原则完成编码工作之后，笔者培训了另外一位国际关系专业博士生，以测试编码员之间的信度(intercoder reliability)。通过详尽地解释本书编码的各项操作变量的标准，并进行过数次训练之后，笔者让他单独对50篇

---

① 暨南大学图书馆数据库PQDD提供，本书中所引用的外国博士论文也是从该数据库获得的。

随机选取的早报稿件进行编码，并与本研究者的结果进行对比统计。两位编码员的一致率最低在86%以上，超过内容分析法通常所要求的最低一致率（78%）。

在编码过程中，凡遇到的文章不属于“中美关系”这一范畴的，都会被剔除掉。因为本书抽样选取文本数量和比例都较大，即使有少量文章被剔除，对研究结果不构成实质性影响。

编码表为EXCEL表格，各主要考察变量位于第一行。全部编码工作完成后，再统计出各个变量的基本数值，如有多篇文章倾向于中国、多少篇文章倾向于美国、每个作者写了多少篇文章、主要作者的倾向性分布情况等。

参考文献

中文专著、译著：

1. [英] 布赖恩·麦克奈尔. 政治传播学引论（第二版）. 殷祺译. 北京：新华出版社，2005

2. 蔡帼芬. 国际传播与媒体研究. 北京：北京广播学院出版社，2002

3. 曹云华. 变异与保持：东南亚华人的文化适应. 北京：中国华侨出版社，2001

4. 曹云华. 新加坡的精神文明. 广州：广东人民出版社，1992

5. 曹云华. 亚洲的瑞士. 北京：中国对外经济贸易出版社，1997

6. 陈乔之等. 冷战后东盟国家对华政策研究. 北京：中国社会科学出版社，2001

7. 陈乔之. 东亚区域经济合作研究. 北京：中国社会科学出版社，2002

8. 陈奕平. 依赖与抗争：冷战后东盟国家对美国战略. 北京：世界知识出版社，2006

9. 程曼丽. 海外华文传媒研究. 北京：新华出版社，2001

10. 崔贵强. 东南亚华文日报现状之研究. 新加坡：华裔馆、南洋学会，2002

11. 崔贵强. 新加坡华文报刊与报人. 新加坡：新加坡文化企业私人有限公司，1993

12. 丁松泉．中美崛起与中美关系．北京：中国社会科学出版社，2005

13. 方积根，胡文英．海外华文报刊的历史与现状．北京：新华出版社，1989

14. 关世杰．国际传播学．北京：北京大学出版社，2004

15. 何英．美国媒体与中国形象（1995—2005）．广州：南方日报出版社，2005

16. 黄松赞．新加坡社会与华侨华人研究．北京：中国华侨出版社，2005

17. ［美］霍华德·裘伯主编．传媒政策与实物．眘廷全等译．北京：中国传媒大学出版社，2006

18. 贾晓慧．《大公报》新论：20 世纪 30 年代《大公报》与中国现代化．天津：天津人民出版社，2002

19. 李光耀．李光耀 40 年政论选．北京：现代出版社，1996

20. 李彬．符号透视：传播内容的本体诠释．上海：复旦大学出版社，2003

21. 李良荣等．当代西方新闻媒体．上海：复旦大学出版社，2003

22. 李希光，刘康．妖魔化中国的背后．北京：中国社会科学出版社，1996

23. 李希光，赵心树．媒体的力量．广州：南方日报出版社，2002

24. 李云龙．中美关系中的人权问题．北京：新华出版社，1998

25. 刘继南等．国际传播与国家形象：国际关系的新视角．北京：北京广播学院出版社，2002

26. 刘建飞．美国与反共主义．北京：中国社会科学出版社，2001

27. 鲁虎．列国志：新加坡．北京：社会科学文献出版

社，2004

28. 吕元礼. 亚洲价值观：新加坡政治的诠释. 南昌：江西人民出版社，2002

29. [美] 罗伯特·基欧汉. 局部全球化世界中的自由主义、权力与治理. 门洪华译. 北京：北京大学出版社，2004

30. [美] 罗伯特·基欧汉，约瑟夫·奈. 权力与相互依赖（第三版）. 门洪华译. 北京：北京大学出版社，2002

31. [美] 罗伯特·萨特. 中国维和举足轻重. 门洪华译. 中国：大国崛起. 杭州：浙江人民出版社，2004

32. [美] 玛莎·费丽莫. 国际社会化中的国家利益. 杭州：浙江人民出版社，2001

33. [美] 迈克尔·埃默里，埃德温·埃默里，南希·L. 罗伯茨. 美国新闻史：大众传播媒介解释史. 展江译. 北京：中国人民大学出版社，2004

34. [美] 约翰·米尔斯海默. 大国政治的悲剧. 王义桅，唐小松译. 上海：上海世纪出版集团，2003

35. 倪世雄等. 当代西方国际关系理论. 上海：复旦大学出版社，2001

36. 彭伟步. 东南亚华文报纸研究. 北京：社会科学文献出版社，2005

37. 秦亚青. 霸权体系与国际冲突：美国在国际武装冲突中的支持行为（1945—1988）. 上海：上海人民出版社，1999

38. 秦亚青. 霸权体系与国际冲突. 上海：上海人民出版社，1999

39. 饶立华. 《上海犹太纪事报》研究. 北京：新华出版社，2003

40. 施爱国. 傲慢与偏见：东方主义与美国的“中国威胁论”研究. 广州：中山大学出版社，2004

41. [美] 斯蒂芬·范埃弗拉. 政治学研究方法指南. 陈琪译. 北京：北京大学出版社，2006

42. 宋强，乔边等．中国可以说不：冷战后时代的政治与情感．北京：中华工商联合出版社，1996

43. 孙哲．权威政治．上海：复旦大学出版社，2004

44. 王慷鼎．新加坡华文日报社论研究（1945—1959）．新加坡：新加坡国立大学中文系汉学研究中心，1995

45. 王逸舟．西方国际政治学：历史与理论．上海：上海人民出版社，1998

46. ［美］沃纳·赛佛林，小詹姆斯·坦卡德．传播理论：起源、方法与应用．郭镇之等译．北京：华夏出版社，2000

47. ［美］沃尔特·李普曼．公众舆论．阎克文，江红译．上海：上海世纪出版集团，2002

48. 吴庆棠．新加坡华文报业与中国．上海：上海社会科学院出版社，1997

49. ［美］小约瑟夫·奈．理解国际冲突：理论与历史．张小明译．上海：上海世纪出版集团，2002

50. 夏春平．世界华文传媒年鉴 2005．北京：中国新闻社，2005

51. 薛君度，曹云华．战后东南亚华人社会变迁．北京：中国华侨出版社，1999

52. ［美］亚历山大·温特．国际政治的社会理论．秦亚青译．上海：上海世纪出版集团，2000

53. 阎学通，孙学峰．国际关系研究实用方法．北京：人民出版社，2001

54. 阎学通等．中国崛起——国际环境评估．天津：天津人民出版社，1998

55. 杨力．海外华文报业研究．北京：北京燕山出版社，1991

56. 袁舟．媒体集团的经营与管理：新加坡报业控股的成功之道．汕头：汕头大学出版社，2003

57. [英] 约翰·克莱尔. 媒体操纵. 林江、袁秋伟译. 石家庄：河北教育出版社，2005

58. [美] 约瑟夫·R. 多米尼克. 大众传播动力学：数字时代的媒介. 蔡琪译. 北京：中国人民大学出版社，2004

59. [美] 詹姆斯·多尔蒂，小罗伯特·普法尔茨格拉夫. 争论中的国际关系理论. 阎学通，陈寒溪等译. 北京：世界知识出版社，2003

60. [英] 詹姆斯·卡伦. 媒体与权力. 史安斌等译. 北京：清华大学出版社，2006

61. 张国良. 传播学理论. 上海：复旦大学出版社，1995

62. 张巨岩. 权力的声音：美国媒体和战争. 北京：三联书店，2004

63. 张昆. 国家形象传播. 上海：复旦大学出版社，2005

64. 周聿峨. 东南亚华文教育. 广州：暨南大学出版社，1995

65. 庄国土. 华侨华人与中国的关系. 广州：广东高等教育出版社，2001

66. 庄礼伟. 亚洲的高度. 广州：广东旅游出版社，1999

67. 周鸿铎. 政治传播学概论. 北京：中国纺织出版社，2005

68. 第二届世界华文传媒论坛报道集. 香港：中国新闻出版社，2004

中文期刊论文：

1. 陈奕平. 美国与新加坡自由贸易协定的战略意义. 当代亚太，2004（10）

2. 程曼丽. 国家形象危机中的传播策略分析. 国际新闻界，2006（3）

3. 郭霁. 新的世纪　新的起点——访问林任君. 国际新闻界，2000（6）

4. 李路曲. 新加坡“共同价值观”评析. 晋阳学刊，1997（4）

5. 李少军. 国际关系研究与诠释学方法. 世界经济与政治，2006（10）

6. 林任君. 与西方传媒巨人的对抗——新加坡对西方媒体的反击与新加坡的媒体模式. 前进论坛，1996（7）

7. 刘建飞. 中国民主政治建设与中美关系. 战略与管理，2003（2）

8. 刘少华. 新加坡对华政策的演变. 湘潭大学社会科学学报，2001（3）

9. 刘雪梅. 新加坡华文网站传播现象解释. 新闻界，2004（5）

10. 梅新育. 中美经贸关系调整中的目标冲突. 中国经贸，2006（4）

11. 倪乐雄. “大国崛起与中国的选择”笔谈. 中国社会科学，2004（5）

12. 匿名. 值得商榷的妖魔化. 国际新闻界，1997（6）

13. 漆海霞. “中国古代国际政治思想：问题与借鉴”学术研讨会综述. 世界经济与政治，2006（11）

14. 秦亚青. 国际关系理论的核心问题与中国学派的生成. 中国社会科学，2005（3）

15. 孙发友，李艳华. 新加坡新闻传媒控制模式透视，编辑之友，2005（2）

16. 王逸舟. 挑战难题（主编的话）. 世界经济与政治，2004（4）

17. 王子昌. 解构美国话语霸权. 东南亚研究，2003（4）

18. 郄清良. 小国大外交：新加坡大国平衡战略的形成与演变. 东南亚研究，2005（1）

19. 相德宝. 英国媒介中的中国国家形象：对《泰晤士报》的实证研究. 对外大传播，2006（9）

20. 阎学通. 和平崛起与保障和平——简论中国崛起的战略与策略. 国际问题研究，2004（3）

21. 叶江. 试析大国崛起与“安全困境”的关系. 世界经济与政治，2005（2）

22. 叶自成，王日华. 春秋战国时期外交思想流派. 国际政治科学，2006（2）

23. 袁舟. 新加坡报业集团的成功之道. 新闻记者，2003（2）

24. 曾昭铎. 爱国华侨胡文虎. 党史纵览，1996（1）

25. 张青. 中新建交揭秘. 东南亚纵横，2000（12）

26. 张振江. 《美国—新加坡自由贸易协定》及其影响. 东南亚研究，2004（5）

27. 周林. 中美经贸摩擦分析. 外交评论（外交学院学报），2006（2）

28. 肖欢容. 地区主义理论的历史演进. 中国社会科学院博士学位论文，2002

29. 曾昭铎. 爱国华侨胡文虎. 党史纵览，1996（1）

30. 刘虎. 冷战后印尼与美国关系的实证分析. 暨南大学硕士学位论文，2003

报纸资料：

1. 美众议员要求中国释放被扣异议人士. 联合早报，2002－01－10

2. 斯诺遗孀指中国：践踏人权，中国外交部反驳：不合实际. 联合早报，2000－04－07

3. 中国反驳王国齐有关摘取死刑犯器官的说法. 联合早报，2001－07－15

4. 蔡玮. 美国对台军售冲击中美台三角关系. 联合早报，2001－04－26

5. 杜平. 要正视美台军售的危险性. 联合早报，2001－

03 – 26

6. 杜平. 中美对弈，独缺一人. 联合早报，2006 – 06 – 23

7. 杜平. 中美贸易正常化的政治意义. 联合早报，2000 – 09 – 23

8. 杜平. 中美战略对话应从罗斯福开始. 联合早报，2005 – 12 – 16

9. 哈佛教授：美推动民主化过程有偏差. 联合早报，2000 – 01 – 21

10. 美国国会要求布什强烈反对中国制定反分裂法. 联合早报，2005 – 02 – 24

11. 美研究报告：亚洲驻军重点应靠近台湾. 联合早报，2001 – 05 – 16

12. 李慧玲. 星座号指挥官：美两艘航母在南中国海会师演习纯因巧遇. 联合早报，2001 – 08 – 21

13. 李气虹. 扁吁美在两岸课题上更积极. 联合早报，2000 – 06 – 13

14. 李永明. 从战略高度看待中美关系. 联合早报，2001 – 01 – 20

15. 李永明. 台安全法反不利台. 联合早报，2000 – 02 – 15

16. 李永明. 中美关系增添稳定器. 联合早报，2000 – 10 – 04

17. 李资政批评美未合理道歉也没给予中国应有重视. 联合早报，1999 – 05 – 20

18. 梁明广. 美国侦察机机密资料已销毁. 联合早报，2001 – 04 – 08

19. 迈向民主开放，何惧瓦解预言（转自《中国时报》）. 联合早报，2005 – 09 – 28

20. 木雅. 布什对华强硬姿态的部分缘由. 联合早报，

2001－05－04

21. 潘锡堂. 北约误炸事件对两岸关系的影响. 联合早报，1999－05－25

22. 潘锡堂. 钱其琛访美与对台军售. 联合早报，2001－04－04

23. 阮次山. 李文和案终于沉冤昭雪. 联合早报，1999－08－27

24. 阮次山. 李文和最终能否获平反. 联合早报，1999－12－21

25. 阮次山. 美国对“谴责中国人权案”为何还不死心. 联合早报，2000－04－25

26. 阮次山. 美国对“误炸”事件越描越黑. 联合早报，1999－07－01

27. 阮次山. 美国何以对北京白皮书反应激烈. 联合早报，2000－02－29

28. 美国计划建立区域安全机制令澳洲进退失据. 联合早报，2001－08－03

29. 美国须防闯下大祸. 联合早报，1999－05－10

30. 中国的新外交主动. 联合早报，2001－10－03

31. 中美关系的新考验. 联合早报，1999－05－11

32. 新闻秘书指路透社报道错误，李资政从未针对中美撞机事件发表谈话. 联合早报，2001－04－11

33. 徐弘炯. 地缘政治的玫瑰——评“人权高于主权论”之一. 联合早报，2000－04－19

34. 许贻波. 中美之间为何总能斗而不破. 联合早报，2002－12－14

35. 伊铭. 中美在中南半岛的竞逐赛. 联合早报，2000－11－20

36. 郑赤琰. 评“考克斯报告”与中国的回应. 联合早报，1999－06－10

37. 郑永年. 美国转型外交对中国的含义. 联合早报，2006－04－18

38. 仲广. 本报的灵魂——社论. 南洋商报，1951－09－06

39. 周锐鹏. 基辛格指台领导人“过分”. 联合早报，1999－10－25

网络资料：

1. 几百年后产生“新加坡文化”：李资政对此感到怀疑，http：//www. zaobao. com/special/newspapers/2006/09/zaobao060906. html

2. 李光耀称中国威胁论荒谬无力，http：//news. sina. com. cn/w/2006－05－25/1001902543s. shtml

3. 李光耀鼓励年轻人抓住中国机遇，大河网：http：//www. dahe. cn/xwzx/gj/t20060526_ 524306. htm

4. 李光耀：台湾问题始终是中国的一大核心利益，http：//www. taiwan. cn/twic/hdjl/75793. html

5. 林任君：新加坡对西方媒体的反击与新加坡媒体模式，http：//blog. sina. com. cn/u/4b5b886c010005w8

6. 世界华文传媒论坛：http：//www. chinanews. com. cn/focus_ site/hwlt－3/

7. 新加坡报业控股网站：http：//www. sph. com. sg/newspapers/zaobao. html

8. 新加坡传媒发展局网站：http：//www. mda. gov. sg/wms. www/aboutus. aspx

9. 新加坡传媒发展局网站：http：//www. mda. gov. sg/wms. www/devnpolicies. aspx？ sid＝87

10. 新加坡外交部网站：http：//www. mfa. gov. sg/internet/foreignpolicy/na_ usa. htm

11. 中新双边关系，中华人民共和国外交部网站：ht-

tp：//www. fmprc. gov. cn/chn/wjb/zzjg/yzs/gjlb/1323/

12. 周兆军：李显龙中央党校演讲　称中国崛起对世界大有好处，http：//news. sina. com. cn/c/2005 - 10 - 25/18038110913. shtml

13. 中国驻新加坡使馆网站：http：//sg. mofcom. gov. cn/maoyi/maoyi. html

14. 中华人民共和国政府和新加坡共和国政府关于建立外交关系的联合公报，中国外交部网站：http：//www. fmprc. gov. cn/chn/wjb/zzjg/yzs/gjlb/1323/1324/t6014. htm

15. 《联合早报》电子版中美关系专题报道：http：//www. zaobao. com/special/china/sino_ us/sino_ us. html

16. *Economy of Singapore*，http：//www. answers. com/topic/economy - of - singapore

17. *Index of Economic Freedom*，http：//www. heritage. org/research/features/index/country. cfm? id = Singapore

18. Roger Mitton，*What The Papers Say*：*The press has a regional voice. But is it mute on some local topics*，http：//www. asiaweek. com/asiaweek/magazine/2000/0324/cover. 3papers. html

19. *Singapore I. Current National Security Situation*，www. fas. org/irp/nic/battilega/singapore. pdf

20. *Singapore Total Defense Concept*，http：//www. photius. com/countries/singapore/national_ security/singapore _ national _ security_ total_ defence_ concep ~ 1585. html

21. *Third Annual Worldwide Press Freedom Index*，http：//italy. peacelink. org/mediawatch/docs/479 - 7802 _ asia _ index _ eng _2004. pdf

22. Yoichi Funabashi，China's "Peaceful Ascendancy"，*YaleGlobal*，19 December 2003，http：//yaleglobal. yale. edu/display. article? id = 3061

23. http：//www. asiaweek. com/asiaweek/magazine/2000/0324/cover. 3papers. html

24. http：//www. historycentral. com/NationbyNation/Singapore/Economy. html

25. http：//www. mindef. gov. sg/imindef/mindef _ websites/topics/national_ security/strategy. html

26. http：//www. siiaonline. org/freedom_ speech#criticism

英文专著：

1. Richard K. Betts, *Muclear Blackmail and Nuclear Balance*, Washington D. C. ：Brookings Institution，1987

2. Tsan-Kuo Chang，*The Press and China Policy：the Illusion of Sino-American Relations，1950—1984*，Norwood，N. J. ：Ablex Pub. Corp. ，1993

3. Nazli Choucri and Robert C. North，*Nations in Conflict：National Growth and International Violence*，San Francisco：W. H. Freeman，1975

4. John Clammer，*Singapore：Ideology，Society and Culture*，Singapore：Chopmen Publishers，1985

5. Richard Clutterbuck，*Conflict and Violence in Singapore and Malaysia 1945—1983*，Boulder，Co：Westview Press，Inc. ，1985

6. David Crowley and David Mitchell，*Communication Theory Today*，Cambridge：Plity press，1994

7. Doris Graber，*Mass Media and American Politics*（2nd eds），Washington，D. C. ：Congressional Quarterly Press，1984

8. John Drysdale，*Singapore：Struggle for Success*，Singapore：Times books International，1984

9. Herbert Gans，*Decoding What's News*，New York：Random House，1979

10. Doris A. Graber, *Mass Media and American Politics* (Fourth Edition), Washington D. C.: Congressionnal quarterly Press, 1993

11. Alex Josey, *Singapore: Its Past, Present and Future*, London: Andre Deutsch Limited, 1980

12. Stephen D. Krasner, *Defending the National interest: Raw Materials, Investment, and United States Foreign Policy*, Prinston, N. J.: Princeton University Press, 1978

13. Chin-Chuan Lee, *China's media, Media's China*, Boulder, Co: Westview Press, Inc., 1994

14. Eric Louw, *The Media and Political Process*, London: Sage Publications Ltd, 2005

15. Maxwell Mccombs, *Setting the Agenda: the mass media and public opinion*, Cambridege: Polity Press, 2004

16. Denis McQuai and Sven Windahl, *Communication Models: For The Study of Mass Communication*, New York: Longman Publishing, 1993

17. Gerianne Merrigan and Carole Logan Huston, *Communication Research Methods*, Belmont, CA: Wadsworth/Thomas Learning, Inc., 2004

18. D. L. Paletz and R. M. Entman, *Media, Power, Politics*, New York: The Free Press, 1981

19. H. I. Schiller, *Mass Communications and American Empire*, Boulder, Colorado: Westview, 1992

20. Pamela J. Shoemaker and Stephen D. Reese, *Mediating the Message, Theories of Influences on Mass Media Content*, New York: Longman Publishing, 1991

21. L. V. Sigal, *Sources Make the News*, *Reading the News*, Edited by R. K. Manoff and M. Schudson, New York: Pantheon Books, 1986

22. John Vivian, *The Media of Mass Communication* (*sixth edition*), Washington DC: Pearson Inc., 2003

英文期刊论文：

1. Amitav Acharya and See Seng Tan, Betwixt balance and community-America, ASEAN, and the security of Southeast Asia, *International Relations of the Asia-Pacific*, 2006, Vol. 6

2. Graham T. Allison, Conceptual Models and the Cuban Missile Crisis, *American Political Science Review*, 1969, Vol. 63, No. 2

3. Corall Bell, American Ascendancy and the Pretence of Concert, *The National Interest*, Fall 1999, No. 57

4. Richard Bernstein and Ross H. Munro, The Coming Conflict with America, *Foreign affairs*, 1997, Vol. 76, No. 2

5. Dennis C. Blair and John T. Hanley Jr., From wheels to Webs: reconstructing Asia-Pacific Security Arrangements, *The Washing ton Quarterly*, 2001, Vol. 24, No. 1

6. Wendy Bokhorst-Heng, Newspapers in Singapore: A Mass Ceremony in the Imagining of the Nation, *Media, Culture & Society*, 2002, Vol. 24, No. 4

7. Lars-Erik Cederman, Back to Kant: Reinterpreting the Democratic Peace as a Macrohistorical learning Process, *American Political Science Review*, 2001, Vol. 95, No. 1

8. Steve Chan, Mirror, Mirror on the Wall.. Are the Freer Countries More Pacific, *Journal of Conflict Resolution*, 1984, Vol. 28, No. 4

9. Tsan-Kuo Chang, Reporting Public Opinion in Singapore: Journalistic Practices and Poicy implications, *Press/Politics*, 1999, Vol. 4, No. 1

10. Donald Crone, Does Hegemony Matter? The Reorgani-

zation of the Pacific Economy, *World Politics*, 1993, Vol. 45, No. 4

11. Christopher M. Dent, The New Economic Bilateralism in Southeast Asia: Region-Convergent or Region-Divergent, *International Relations of the Asia-Pacific*, 2006, Vol. 6

12. A. Cooper Drury, U. S. Economic Sanction Threats Against China-Failing to Leverage Better Human Rights, *Foreign Policy Analysis*, 2006, Vol. 2, No. 4

13. Fareed Zakaria, Does the Future Belong to China. *Newsweek*, *Foreign Affairs*, May 9, 2005

14. Evan A. Feigenbaum, China's challenge to Pax Americanna, *The Washington Quarterly*, 2001, Vol. 24, No. 3

15. *Foreign Affairs*, September/October 2005

16. *Foreign Policy*, January/February 2005

17. John Gershman, Is Southeast Asia the Second Front, *Foreign Affairs*, 2002, Vol. 81, No. 4

18. Brad Glosserman, Missing out in Asia, *PacNet*, January 19, 2006, No. 3

19. Steven M. Goldstein and Randall Schriver, An Uncertain Relationship: the United States, Taiwan and the Taiwan Relations Act, *The China Quarterly*, 2001, Vol. 165

20. Richard Hass, What to Do Wit American Primacy, *Foreign Affairs*, September/October, 1999, Vol. 78, No. 5

21. Robert Keohane, International Institutions: Can Interdependence Work, *Foreign Policy*, Spring 1998

22. Henry Kissinger, Our Nearsighted World Vision, *Washington Post*, January 10, 2000

23. Zeev Maoz and Bruce Russet, Normative and Structural Causes of Democratic Peace, 1946—1986, *American Political Science Review*, 1993, Vol. 87, No. 3

24. John J. Mearsheimer, Why We Will Soon Miss The Cold War, *The Atlantic Monthly*, 1990, Vol. 266, No. 2

25. E. Rogers and J. Dearing, Agenda-setting Research: Where Has It Been, Where Is It Going, *Communication Yearbook*, 1988, Vol. 11

26. DennyRoy, Southeast Asia and China: Balancing or Bandwagoning, *Contemporary Southeast Asia*, 2005, Vol. 27, No. 2

27. Robert S. Rosss, Beijing as a conservative Power, *Foreign Affairs*, 1997, Vol. 76, No. 2

28. Randall L. Schweller, Bandwagoning for Profit: Bring the Revisionist State Back in, *International Security*, 1994, Vol. 19, No. 1

29. Sherler Schwenninger, World Order Lost, American Foreign Policy in the Post-Cold War World, *World Policy Journal*, 1999, Vol. 16, No. 2

30. W. A. Scott, Reliability of Content Analysis: The Case of Nominal Scale Coding, *Public Opinion Quarterly*, 1995, Vol. 19, No. 3

31. David Shambaugh, Facing Reality in China Policy, *Foreign Affairs*, 2001, Vol. 80, No. 1

32. R. W Sullivan, Discarding the China Card, *Foreign Policy*, Spring 1992, No. 86

33. *Time*, June 27, 2005, Vol. 165, No. 26

34. Lee Lai To, The Lion and the Dragon: a view on Singapore-China relations, *Journal of Contemporary China*, 2001, Vol. 10, No. 28

35. Shannon Tow, Southeast Asia in the Sino-U. S. Strategic Balance, *Contemporary Southeast Asia*, 2004, Vol. 26, No. 3

36. Martin Walker, Bush's Choice: Athens or Sparta, *World Policy Journal*, 2001, Vol. 18, No. 2

37. Erich Weede, Democracy and War Involvement, *Journal of Conflict Resolution*, 1984, Vol. 28, No. 4

38. Alexander Wendt, Anarchy is What the states Make of it: The Social Construction of Power Politics, *International Organization*, 1992, Vol. 46, No. 2

39. Neil Wu Becker, *China and the United States Press from 1949—1989: Critical Events Foreign Policy Analysis*, PhD. Dissertation of San Jose State University, 1999

40. Wendy Bokhorst-Heng, *Language and Imagining the Nation in Singapore*, PhD. Dissertation, Ontario Institute for Studies in Education, University of Toronto, 1998

41. Robyn S. Goodman, *Prestige Press Coverage of Sino-American Relations from the Cold War's Demise to the Post-Cold War Period: Reagan's Final Years to the Clinton Administration, 1985 to 1993*, PhD. Dissertation of Michigan State University, 1997

42. Allison S. Greene, *United States Diplomacy in the Age of the Internet*, PhD. Dissertation for Old Dominion University, 2003

43. Justin W. Hart, *Empire of Ideas: Mass Communications and the Transformation of United States Foreign Relations, 1936—1953*, PhD. Dissertation of Rutgers The State University of New Jersey-New Brunswick, 2004

44. Joseph Raymond Hayden, *Public Ambassadors: American Journalism and Diplomacy, 1918—1919*, PhD. Dissertation of Indiana University, 2002

45. Maxine Isaacs, *The Independent American Public: The Relationship Between Elite and Mass Opinion on American Foreign Policy in the Mass Communications Age*, PhD. Dissertation for University of Maryland College Park, 1994

46. Thomas Lindsay Jackson, *International Collaboration in Asean: a Study of Bargaining Game Models with "Bayesian" Play-*

ers (*Southeast Asia*), PhD. Dissertation of Indiana University, 1987

47. Xigen Li, *The Effect of National Interest on Coverage of United States-China Relations*: *A Content Analysis of The New York Times and People's Daily*, *1987—1996*, PhD. Dissertation of Michigan State University, 1999

48. Nabil Ahmad Oumais, *The Western Elite Press Construction of Islam* (*The Arabs and Iran*), *1991—1999*, PhD. Dissertation of Wayne State University, 2001

后　记

爱人如己，凡事谢恩！

与暨南之缘，竟六年光阴，化作悲喜交加人生一瞬。

“因为我们所做的，我们不晓得。”

本书是在我的学位论文的基础上修改而成的。首先，我要感谢我的博士导师周聿峨教授，在她的指引下，我开始了华侨华人与国际关系问题的研究。本书从选题到写作，从导师那里获益匪浅。周老师不仅是我学习上的导师，更是一位处世为人方面的教导者，跟从周老师读书学习，实乃十分幸福愉快的旅程。

感谢曹云华教授、邱丹阳教授、廖小健教授、王子昌教授、吴金平副教授给予的宝贵意见，他们的严格要求和诚挚帮助是本书得以完成的关键因素。

我硕士期间的导师庄礼伟教授也付出了额外的劳动，与他的交流使得一些差点错失的灵感得以呈现。

感谢陈乔之教授、张振江副教授、李亚和卢美娟等老师在学业上给予的指导和支持。我要向侯松岭教授致以敬意，为他的幽默、随和且宽容的品质。

感谢阎学通教授在科学研究方法上给予的培训，以及在论文关键写作阶段的灵感点拨，感谢清华大学漆海霞博士在交流中给予本书的增益。

近半年来，远在美国南伊利诺伊大学传播学院的李喜根（Xigen Li）教授，通过电邮和电话给了我多次学术上的指导。他严谨的学术态度，热情耐心的助人品质令我感叹。本书的内容分析方法、传播学理论的运用都应归功于他的指导。

感谢陈奕平老师给予的修改意见，更当学他，直奔标杆。我要感谢自己的朋友海文和他的家人，他们传递给我的智慧胜过了一切。

叶继海学友帮助本人进行了内容分析工作，与同门其他学友（代帆、罗俊翀、余斌、黎海波）的交流也使得本书思路更加清晰，龙向阳师兄也提出了很多宝贵的建议，在此一并致谢。

暨南男女诸友，无法一一罗列，感谢你们，与你们打羽毛球、聊天、聚餐、出游是我在此驿站最难忘的回忆。

“如今长存的有信、望、爱，这三样，其中最大的是爱!”

老父、老母，望眼欲穿，姐姐、姐夫，无私援助。你们欣喜于我的成绩，但更承受了我的苦难。感谢你们在我过去攀爬山巅的挑战中显示的爱和忍耐。我也为自己的错误给你们带来的磨难深感愧疚，痛至心扉。今生今世，惟涌泉以报。

这三年，收获良多，改变很多，而爱公义之心未变，与生俱来充满同情与悲悯的心也日益温润、平安。

爱妻笑春在写作过程中也给予了我很多的协助与支持，将要出世的宝宝也是我写作本书的动力，我爱你们!

衷心地感谢你们！真诚地祝福你们!

2009年夏于杭州